JN410766

한국인의 마음 일본인의 고코로

일본
문화
에세이

한국인의 마음 일본인의 고코로

송인덕

문예원

차례

2부 서로 다른 문화의 이해

3부 오늘의 일본사회

4부 일본 속 한민족의 역사를 찾아

5부 한일관계를 뒤돌아본다

6부 양식 있는 일본인과의 만남

7부 밝은 내일을 위하여

8부 우정의 교류 30년

프롤로그

이 책에 실린 에세이들은 내가 평생 살아오면서 일본인들과의 만남을 통해서 보고, 듣고, 느끼고, 생각한 것들을 단편적으로 기록한 것들이다. 나는 일본인과의 특별한 인연의 만남으로 그들과 폭넓게 교류하면서 다양한 체험을 하게 되었다.

그들과 오랫동안(거의 한평생) 교류하면서 일본인들의 마음속에 있는 우정도 느낄 수 있었고 일본의 수준 높은 문화와도 접했다.

그런데 잠잠하다가도 극우 정치인들의 망언으로 한일 관계가 악화될 때에는 너무나 안타까웠고 그 와중에 내 마음속에는 한국과 일본인들에게 전하고 싶은 이야기들이 쌓여만 갔다.

일본에 머물다가 비행기로 귀국할 때면 나의 뇌리 속에는 일본의 발전된 모습과 높은 질서의식, 예의 바르고 친절한 일본인들의 모습과 극우 정치인들의 망언에 따른 실망 등 미래에 따른 한일 관계 등이 뒤섞여 떠오르곤 하였다.

2010년 금년은 강제병합 100년이 되는 해이고 한일 수교 45년이 된다. 국교 정상회로 경제·사회·문화·인적 교류 등이 비약적으로 증가하였다. 그러나 아직까지도 교과서, 위안부, 야스쿠니 신사, 독도문제가 제기될 때마다 보였듯이 일본인들의 잘 못된 한국관은 변하지 않았다.

이는 일본의 보수계 정치인들의 한국에 대한 침략과 식민지 통치를 반성, 사죄하기보다는 반항적 감정으로 망언을 되풀이하고 있기 때문이다.

이러한 복잡한 생각과 체험들을 가슴속에 그대로 담고 있기보다는 내가 세상을 떠나기 전에 기록으로 남겨 양국의 전후 세대들에게 있는 사실 그대로 전하고 싶었다.

이 책을 쓰는 목적은 한일 양 국민이 서로를 바르게 이해하고 상대를 통한 성찰로 서로의 마음을 열어 밝은 미래를 향하여 나아가게 하기 위함이다.

이 책 속에는 나의 다양한 체험과 함께 한국과 일본의 서로 다른 문화, 사회는 물론 어두웠던 과거사도 반추反芻하고 통찰洞察하면서 과거의 굴레에서 벗어나지 못하는 원인도 살펴보았다. 그리고 우리를 되돌아보면서 일본의 잘못에 대한 비판과 제안도 해 보았다.

이는 결코 일본만을 비방하고 비판하기 위해서가 아니라 양국의 관계 개선을 염원하는 한사람의 한국 국민의 충정이라고 할 수 있다.

이 책을 통해서 보다 많은 독자들이 서로를 바르게 이해하여 한일 간에 새로운 의식의 변화가 일어났으면 좋겠다. 일본에서는 '뉘우침'의 마음으로 한국에서는 '관용의 마음'으로 그래서 어두웠던 과거사의 굴레에서 벗어나 좀 더 가까운 이웃으로 발전하여 국제사회에서 존경과 신뢰받는 두 나라 관계가 되었으면 좋겠다.

끝으로 각별히 친절하게 대해준 일본의 지인들과 매년 일본의 소식과 정성이 담긴 안부 편지를 보내준 일본 친구들에게 감사를 전한다. 그리고 흔쾌히 출판을 맡아준 홍종화 사장께 감사 드린다.

2010년 겨울

광교산 자락에서

송인덕

1부

도쿄산책

들어가는 길목 풍경

일본의 나리타成田공항에서 도쿄 시내까지의 거리는 김포공항에서 서울 시내로 가는 거리보다 훨씬 멀다. 교통편으로는 택시 · 리무진 · 전철 등 다양하다.

나는 나리타공항에서 도쿄 시내로 들어갈 때나 시내에서 공항으로 나올 때는 스카이라이너Sky Liner를 이용한다. 스카이라이너는 일부 역만 정차하는 급행전철로 좌석이 지정되어 있으며 시내 환승역까지 소요되는 시간은 한 시간 정도여서 편리하다. 시내로 들어가서 하차하여 도쿄 시내의 전철을 갈아탈 수 있는 대표적인 환승역은 우에노上野역과 닛뽀리역이다.

나는 비교적 우에노역을 많이 이용하고 있다. 그래서 우에노역은 그렇게 낯설지 않은 곳으로 친숙하다. 이 지역 주변에는 국립박물관 · 미술관은 비롯하여 우에노 공원과 아메요코 재래시장 등 둘러볼 만한 곳이 많다.

어느 해 봄 우에노 공원에서 일본인들의 하나미花見 벚꽃축제 광경을 보았다. 화사하게 만개한 벚꽃나무 밑에서 준비해온 음식을 먹으면서 즐기는 모습들이 활짝 핀 벚꽃만큼이나 밝아 보였다. 또 우에노 공원 계단 앞을 지나다보면 길가에

아메요코 재래시장

앉아 열심히 구두 닦는 할머니를 만난다. 그 할머니는 내가 도쿄에 들릴 때마다 같은 장소에서 방석하나 깔고 무릎을 꿇고 앉아 구두를 닦는다.

그런데 어느 해는 그 앞을 지나는데 할머니가 보이지 않았다. 나는 내내 궁금하였다. 혹시 병이 났나, 그렇지 않으면 세상을 떠난 것이 아닌가 하고. 그런데 다음 해 지나다보니 그 할머니가 그 자리에서 열심히 구두를 닦고 있었다. 70세가 넘는다는 그 할머니는 같은 장소에서 20년 넘게 구두를 닦고 있다고 했다. 나이가 들어도 가정에서 안주하며 여생을 보내는 것이 아니라, 늙어서도 일한다는 일본인들의 근면성의 단면은 한국에서는 좀처럼 볼 수 없는 광경이다.

그리고 우에노역 건너편에는 아메요코アメ横 재래시장이 있다. 아메요코라는 이름은 종전 후 미군부대에서 옆으로 흘러나오는 군복, 군화, 통조림, 각종 군수물자를 판 데서 유래되었다고 한다. 서울의 남대문 시장의 경우도 미군부대에서 흘러나오는 물건들이 없는 것이 없다. 이 시장 역시 서울 남대문 시장같이 값싸고 질 좋은 생활필수품들을 팔고 있다. 갓 잡아 올린 듯 싱싱한 생선이 진열된

일본 국립박물관

가게, 각종 자질구레한 물건들, 군화, 군복, 신발가게, 시계 진열장 가득히 늘어놓고 파는 가게 등 한참 돌아다니다 보면 마치 한국의 어느 재래시장 속에 들어온 느낌이 든다. 물건을 파는 사람들과 물건을 사러온 사람들로 아메요코 시장은 활기가 넘친다. 일본인들의 하나미 벚꽃놀이, 구두 닦는 할머니, 활기 넘치는 아메요코 시장 등 모두가 도쿄 들어가는 길목에서 만나는 추억의 풍경들이다.

도쿄 첫 방문 때 받은 인상

일본 첫 방문은 1970년도 초 직장에서 선진국 일본의 산업시찰 목적이었다. 그러니까 지금으로부터 35년 전 3박 4일 예정으로 일본을 처음 방문한 것이다. 그 당시만 하여도 우리나라는 경제 사정의 어려움으로 아무나 해외에 나간다는 것은 그렇게 쉬운 일이 아니었다. 그러나 35년이 지난 지금은 하루에도 수만 명의 인파가 해외 나들이가 이웃집 드나들 듯하고 있다.

내가 처음 일본을 방문했을 때 받은 첫 인상은 35년이 지난 지금까지도 뇌리에서 맴돌고 있다.

우리 일행은 김포공항을 이륙한 지 2시간 후 하네다羽田공항에 도착하여 리무진 버스로 도쿄 시내로 들어갔다. 지금은 나리타成田공항을 이용하여 스카이너로 우에노上野역까지 가서 전철을 이용하는 것이 편리하지만 초행길인 우리 일행은 리무진 버스를 타고 시내로 들어가면서 잠시도 거리 풍경에서 눈을 떼지 못했다. 차창 밖으로 내다보이는 질서정연한 차량행렬, 하늘 높이 솟아있는 높은 빌딩 숲, 패전으로 폐허가 되었다는 도쿄 시내의 발전상을 보면서 일본의 저력을 실감할 수 있었다.

도쿄 시가지의 잘 정돈된 거리에 높은 빌딩, 빼곡이 들어차 있는 광고물, 어떻게 이렇게 발전했을까 그저 놀라움뿐이었다. 택시의 깨끗한 시트, 운전기사의 친절에 매우 깊은 인상을 받았다.

도착한 다음날 NHK방송사와 소니회사 등 기업체를 돌아보고 서점가로 유명한 간다神田를 찾았다. 출판사로 유명한 산세이도三省堂 · 이와나미岩波 등 서점에 아름답게 진열된 수백 종류의 책들을 보면서 놀랍고 부러웠다.

그런데 한 코너에 한글로 된 책이 눈에 띄어 가까이 다가가 보니 한국어판, 조선어판 코너가 따로 구분되어 있고, 그 중에 한글 강좌, 조선어 강좌의 교재가 진열되어 있었다.

뒤에 들은 이야기로는 일본 내 한국 측의 재일본대한민국민단(민단)과 북측의 재일조선인총련합회(총련) 사이에 놓여있는 입장을 고려해 코너를 구분하였다고 한다. 같은 민족이 일본 땅에 와서까지 서로 분열되어 있는 분단의 비극을 일본의 서점가에서 느껴야만 했다.

한번은 전자제품의 집산지 아끼하바라秋葉原에 가기 위해 시나가와品川에서 벽에 붙어있는 지하철 노선도를 한참 들여다보고 있는데 일본 기모노를 입은 중년부인이 나를 한참 지켜보고 있었다. 나는 행선지를 확인하고 표를 끊자 그 여인은 내게 다가와 상냥한 어조로 "모 요로시데스가?(이제 되었습니까?)" 하고는 미소를 지었다. 초행길로 보이는 우리들을 도와주기 위해서 가던 길을 멈추고 서 있었던 것이다. 일본인들의 친절은 백화점 등 가는 곳곳에서 감지할 수 있었다.

아끼하바라는 일본의 전자제품의 집산지로 한국의 관광객이 그 곳을 찾아 진열된 제품을 돌아보며 부러워하였고 귀국할 때는 전기밥통(코끼리 밥통) 하나씩 사들고 오는 시대였다. 38년이 지난 지금은 한국의 경제규모도 세계 12위권으로 발전되었고, 국민의 의식수준도 높아졌다. 그리고 한국의 전자제품도 우수한 제품으로

우익단체

인정받아 세계시장을 누비고 있어 그러한 광경은 사라졌다.

또 우리 일행이 시내를 돌아보고 잠시 쉬려던 차에 마침 기삿뎅喫茶店(찻집)이 눈에 띄어 조심스럽게 들어갔다. 그런데 들어서자마자 주인 마담이 "이럇샤이마세(어서 오십시오)." 하며 반갑게 맞아주었다. 무뚝뚝하고 무표정한 한국 다방들과는 너무나 대조적이었다.

찻집에 들어서니 그렇게 협소할 수가 없었다. 의자, 탁자 등이 유치원 어린이용처럼 작고 너무나 답답하였다. 그러나 자세히 살펴보니 디자인 색상 등이 깔끔하고 좁은 공간에 맞게 잘 활용되고 있었다. 일본인들이 축소 지향적이라고는 알고 있었지만 그렇게 좁은 공간을 효율적으로 활용하는 것을 보고 감탄할 수밖에 없었다.

우리 일행이 차 한 잔을 들고 나오는데도 문 밖까지 따라 나와 허리를 굽혀 인사를 하는 것이 아닌가. 바로 이것이 일본의 모습임을 느낄 수 있었다.

그리고 호텔 · 사무실 · 공장 · 길거리 등 시내 곳곳에 각종 자동판매기自販機(じはんき)가 널려 있다. 그야말로 자판기 천국이다. 후에 들은 이야기지만 일본에서

자판기가 뿌리내린 것은 높은 인건비와 땅값으로 인해 적은 면적의 무인 판매라야 살아남기 때문이란다(보급률 세계 1위). 전철역 구내의 자동 환전기에 지폐를 삽입하면 쏟아지는 잔돈을 보면서 그렇게 신기할 수가 없었다. 깊은 오지의 시골사람이 대도시에 처음 나온 기분이었다. 지금부터 35~36년 전의 한국에는 그러한 시설이 보급되지 않았을 때이니 모두가 신기하고 부럽기만 할 수밖에 없었다. 물론 오늘의 한국과 일본의 발전상이 외관상으로 볼 때 별 차이를 느낄 수 없는 시대가 되었지만 나는 며칠 도쿄에 머무는 동안 부러움을 느끼면서도 숨이 막히는 듯하였다. 자유분방하고 왁자지껄한 환경에서 살아온 탓인지 백화점 길거리는 물론 전철 안은 숨소리까지 들릴 정도로 조용했다(지금은 일본도 많이 변하고 있지만). 택시기사・백화점 점원 등 모두가 기계처럼 움직이는 듯했다.

그런데 도쿄에서 머무는 동안 상반된 광경을 목격하여 놀랐다. 도쿄역 광장을 지나는데 어디에선가 확성기에서 큰 노래 소리가 퍼져 나왔다. 다시 귀를 기울여서 들어보니 낯익은 노래였다. 일제 강점기 초등학교 시절에 지겹게 부르고 듣던 일본의 군가였다. 나도 모르게 섬뜩했다.

나는 일본의 첫 나들이에서 일본의 발전된 모습과 함께 군국주의 망령이 되살아나고 있는 것이 아닌가라는 인상을 받았다.

젊음의 거리 시부야

시부야谷, 이께부쿠로池袋와 함께 도쿄의 중심이 되고 있는 신주쿠新宿는 도쿄시내 전차노선의 집중지역으로 JR의 야마테 센山手線과 중앙선의 교차지로서 하루 수백만의 인파가 이용하고 있다. 야마테 노선은 서울지하철 2호선과 같은 형태로 도쿄 시내 중심을 한 바퀴 돌아 출발역으로 다시 돌아오게 된다. 그래서 중간에서 환승하는 번거로움 없이 편리하게 이용할 수 있다. 이 노선의 전철을 타면 신주쿠, 하라주쿠, 시부야, 이케부크로, 아카사카 등 도쿄의 소문난 거리나 중심지역은 거의 다 지나게 되므로 아주 편리하게 다닐 수 있다.

신주쿠에서 야마데센 전철로 10분 거리에 있는 하라주쿠原宿 거리는 항상 생동감이 넘쳐흐른다. 하라주쿠역에서 내리면 먼저 울창한 산림으로 뒤덮여 있는 메이지 신궁 입구가 보인다. 그리고 발길을 돌려 요요기 공원 앞거리로 가면 온통 젊은이로 생동감이 넘쳐흐르고 있다. 갈색, 노란색 머리에 이상한 옷차림으로 노래하며 몸을 흔들어대는 젊은이의 생동감 넘치는 모습을 볼 수 있다. 하라주쿠의 거리는 자유분방한 일본의 청소년 및 젊은이들이 자기표현을 마음껏 할 수

메이지신궁입구

있게 만든 해방지역구 같은 느낌이 드는 곳이다.

도쿄에서 가장 세련된 지역으로는 고급 백화점, 레스토랑, 바 등이 집중되어 있는 긴자銀座는 서구문화의 유입과 함께 새로운 유행을 이끌면서 낭만과 예술가들의 활동거점이라고 할 수 있다.

또 관광객이 많이 찾는 곳으로는 아사쿠사淺草와 아끼하바라秋葉原를 꼽을 수 있다. 아사쿠사는 센소리淺草寺를 중심으로 에토 시대의 분위기를 간직하고 있으며 일찍이 영화관이나 소극장이 많아서 작가나 예술가들의 모임이 많았으나 지금은 서민들의 거리로써 관광객들에게 인기가 있다. 아끼하바라는 일본 경제의 발달과 함께 일본의 전기제품을 할인하여 판매하는 상점들이 집중되어 있는 유명한 상점가로 제조회사에서 대량 구입하여 저렴하게 판매함으로 일본인과 외국인들이 항상 붐비는 곳이다.

일본의 대표적인 유흥가 아카사카赤坂는 가라오케, 쿠라부(클럽), 스낵, 음식점, 술집 밀집지역으로 일본의 국회 옆에 막사가 있었던 곳으로도 유명하다. 그러데

신세대

아카사카의 다마찌도리田町通를 중심으로 한국요리인 불고기집(야끼니꾸야)이 즐비하고 코리안 바 등 코리안 타운이 형성된 지역이라고 할 수 있다. 아카사카의 낮에는 비교적 조용한 편이나 밤의 거리는 활기 넘친다. 그래서 아카사카를 밤의 거리 환락의 거리라고 하는지 모르겠다.

나는 도쿄지리에 익숙지 못했을 때 시부야에서 만나기로 약속을 하였는데 시부야와 히비야日比谷의 구별을 못하고 히비야에서 마냥 기다리다가 낭패를 겪은 적이 있다.

일본의 첨단 패션이 모두 모여 있다는 시부야는 젊은이의 거리로 누군가를 만날 때는 약속 장소로 유명한 하치코ハチ公 동상 앞에서 대부분 만난다. 이 동상은 시부야역 바로 옆에 있는데 죽은 주인을 기다리다가 죽은 충견 개에 공公이라는 존칭어를 붙여준 것이라고 한다. 시부야는 늘 인파로 붐비는 곳이지만 토요일, 일요일에는 그야말로 모여든 인파로 발 디딜 틈이 없을 정도이다.

내가 이곳을 비교적 자주 찾게 된 것은 나의 출장 업무와 관련된 NHK센터와

신주큐백화점 앞

NHK 덴지 플라자(전시장)가 가까운 주변에 있기 때문이다.

NHK 덴지 플라자에서 나오면 50여 만의 넓은 잔디밭의 요요기代代木 공원이 눈앞에 펼쳐진다. 도쿄 올림픽 실내경기장도 여기에 있다.

분가무라도리文化村通에 막 들어서면 세계적으로 희귀한 고래전문요리점인 간소 구지라야元祖 くじら屋가 왼쪽에 있다. 언제인가 도가이 대학의 니시모도 교수의 안내로 가라아게唐揚げ 정식을 주문하여 정갈한 일본식의 맛있는 고래튀김까지 맛을 본 적이 있다. 니시모도 교수는 자기의 동창이 경영하는 유명한 집이라고 귀띔까지 하였다.

시부야 센타가이センタ街는 시부야를 대표하는 중심 거리로 대중적으로 먹을 만한 음식점 회전 초밥집, 레스토랑 등이 많이 있으며, 요요기 공원 옆길을 따라 하리주쿠原宿 역까지 이어진 길을 따라가다 보면 일요일에는 일본인, 백인, 흑인 등 할 것 없이 모두가 나와 자기의 장기를 뽐내고 있다. 밴드를 연주하며 노래하며 춤추는 광경을 볼 수 있다.

아끼하바라거리

완전히 인종시장을 이룬다. 정말 시부야는 활기가 넘치는 매우 인상에 남는 곳이라고 할 수 있다.

전통문화가 숨쉬는 아사쿠사

도쿄의 아사쿠사草와 서울의 인사동仁寺洞 골목은 과거의 냄새가 묻어나는 옛 전통문화를 간직한 곳이다. 그래서 아사쿠사와 인사동에는 일본인과 한국인을 비롯해 외국의 많은 관광객이 찾고 있다.

도쿄의 아사쿠사는 가장 일본적인 채취를 느낄 수 있는 곳으로 아직도 오래된 가옥과 상점이 많이 남아있어 에도시대의 전통과 일반 서민들의 생활 모습을 찾아볼 수 있다. 그래서 1년 내내 젊은이들과 관광객으로 북적이는 곳이다.

아사쿠사 중심부에는 센소지草寺라는 사원이 있다. 천둥의 문이라는 카미나리의 커다란 문을 들어서면 나카미세(상점)들이 나온다. 이 거리는 카미나리 문에서부터 본당이 있는 호조문까지 쇼핑가다 일본의 전통 공예품 · 기념품 · 도자기 · 인형 · 부적 · 과자 등을 파는 가게가 수를 헤아릴 수 없을 정도로 옹기종기 몰려있다. 일본의 전통 옷인 기모노 · 유카다 · 게다 등 일본의 전통적인 물건들이다. 에도시대부터 있었다는 초밥용 칼 만드는 가게 등 골목골목마다 100년 이상 된 상점들이 즐비하다. 그래서 이 거리를 걷다보면 마치 에도시대의 번화가에 와 있다는 느낌이 든다

아사크사 센소지 앞에 선 필자

나카미세 뒤편에는 도쿄 시내의 명찰 중의 명찰 센소지가 보인다. 사원이라고는 하지만 한국과 달리 불상은 보이지 않고 단지 불교적 장식과 향불이 타오르고 있다. 센소지의 본당 '관음상' 안에 모셨다는 불상은 백제 '관음상'이다. 그러나 아직 누구도 이 관음상을 본 일이 없다는 '비불秘佛'로 유명하다. 많은 참배객들은 향을 피우고 중얼중얼 기도하고 또 한편에서는 점을 보는 사람들로 북적거리고 있다. 그런데 이곳을 찾는 일본인이나 한국인들 대부분은 관음상을 모신 인물이 '7세기 백제인 히노쿠마노 하마나리淺前浜成와 히노쿠마노 다케나리淺前武成 형제' 라고 하는 사실(이 사찰의 본존연기本尊緣起에 있음)을 모른다.

서울의 인사동도 일본의 아사쿠사와 같이 한국의 전통문화를 간직한 곳으로 골목풍경을 보기 위해서 일본인을 비롯해 많은 외국 관광객이 붐비고 있다.

안국동의 인사동 초입에 들어서면 골목길 양 옆으로 서화랑·미술관·골동품가게·필방·지물포·공예품·기념품가게 등이 즐비하여 한국문화의 향기가 풍기는 공간이다. 그리고 골목길 안쪽으로 들어가면 한국의 전통음식점인 한정식집들이 있다. 음식점의 구조도 한국의 전통 양식으로 나무기둥에 기와지붕으로 나지막한 집들로 일본인들도 쉽게 친숙해질 수 있는 재미있는 풍경들이다.

나는 이러한 인사동을 곧잘 찾아 골목길을 거닐고 있다. 서울 어느 곳에서도 볼 수 없고 느낄 수 없는 것을 이 인사동 골목에서 볼 수 있고 느낄 수 있기 때문이다. 그런데 안타깝게도 인사동은 생명을 잃어가고 있다.

인사동 골목의 손때 묻은 건물이 하나씩 헐리고 현대식 건물들이 들어서고 본래의 재래시장 같은 분위기가 점점 사라지고 있는 것이다.

서울 한복판에서 생명을 유지하려면 인사동이 더욱 시골의 골목다워야 하고 나지막한 헌집들이 많고 한국적인 냄새가 풍겨야 한다. 그렇지 않으면 일본을 비롯해 외국의 많은 관광객들이 찾아올 일이 없다. 지금도 늦지 않았다. 현대식 건물 현대문화가 접근하지 않게 차단해야 한다.

아까죠징 이자카야

도쿄의 중심 번화가 신주쿠新宿 등 골목길에 들어서면 빨간 종이등을 단 선술집 이자카야가 눈을 끈다. 이자카야居酒屋란 술이 있는 곳(집)을 의미한다. 일본 직장인에게 기분좋게 쉴 곳이 어디가 좋은가의 앙케이트를 조사한 결과 제1위가 아까죠징赤提燈이었다. 그만큼 일본인들이 선호하는 곳이다. 최근에는 한국에도 성업 중인 이자카야가 늘어가고 있다.

나는 일본에 가면 오랜만에 만난 일본 지인들과 그곳에서 담소하기를 좋아하는 편이다. 그동안 쌓였던 이야기도 나눌 수 있고 일본의 전통적이고 서민적인 분위기가 풍기기 때문이다.

일본 국민들은 이자카야에서 깊은 서민의식, 동료의식을 공유하고 있다. 안주도 다양하고 비교적 술값도 저렴한 편이지만 분위기가 마음에 들어서이다. 여행자에게는 부담도 적고 오랜 친구와 유쾌하게 마시면서 피로를 풀 수 있어 좋다. 그리고 일본인들의 평소 조용한 모습과는 달리 활기 넘치는 새로운 모습도 볼 수 있어 좋다. 일본 직장인들이 퇴근길에 동료들과 삼삼오오 짝을 지어 거나하게 술을 마시면서 열심히 '노무니케이션'을 한다. '노무니케이션'은 '노무(마시다)'와 '커뮤니케이션'의 합성어라고 동행했던 일본 친구가 귀띔해줬다. 직장에서의 경직된 하루의 생활에서 홀가분한 해방감으로 퇴근길에 모여든 이자카야는 정말 활기 넘친다.

그들은 술을 마시면서 스트레스도 해소하고 직장에서 하지 못한 이야기들을 열심히 나눈다. 머리가 희끗희끗한 나이 많은 연장자인 상사와 젊은 여성들이 맞담배질하면서 마주 앉아 마시면서 열심히 대화를 나눈다. 물론 담배문화는 한국과 달리 어른과 젊은이의 구분 없이 맞담배질을 한다.

이자카야는 그야말로 연령 · 세대 · 성별 · 국적 · 구분 없이 함께 마시고 사귀면서 스트레스를 발산하고 인생을 논하며 내일을 위해서 충전하는 곳이기도 하다.

언젠가 한 이자카야에서 동행한 일본 친구와 호주 · 독일 · 미국에서 왔다는 외국인과 함께 어울려 술을 마신 적이 있다. 5개국 사람들이 국경을 초월하여 쉽게 어울려 이자카야에서 밤늦게까지 즐긴 것이다.

이와 같이 술은 동서고금을 막론하고 사람과 사람 사이를 쉽게 이어주는 마력을 가지고 있다. 최근에는 과음으로 건강을 해쳐 문제가 되고 있지만 술은 알맞게 마신다면 사회생활에서 업무상 사람들과의 교제상 중요한 구실을 한다. 술을 마시는 방법, 좋은 습관을 가지고 술을 컨트롤하는 법을 익힌다면 상대와 더욱 친숙해지고 좋은 인간관계를 유지함은 물론 업무를 촉진시키거나 교섭의 성사 때도 일조가 되곤 한다.

우리는 일본인의 술자리 예의를 알아두는 것도 좋은 듯 싶다. 일본인은 한국인보다 술을 좋아하고 술을 마시는 횟수는 많지만 한국인처럼 한꺼번에 대량을 마시지 않고 술을 즐기며 절도 있게 마시는 편이다. 물론 일본인들도 우리네와 마찬가지로 먹고 마시고 즐기기를 좋아한다. 그래서 일본인들도 기분이 좋으면 2차를

아까죠징이 달려 있는
선술집 이자카야

가는 습관을 가지고 있다. 장소를 옮겨 가면서 마시는 것을 '하시고사케はしごさけ(梯子酒), 하시고노미はしごのみ(梯子飲)'라고 한다.

한국인은 연장자나 직장의 상사에게 술을 권하고 받을 때는 반드시 두 손이어야 한다. 또 술을 마실 때는 정면으로부터 옆으로 약간 고개를 돌려 마신다. 술잔에 술이 남아 있을 때에 거기에다 술을 다시 붓지 않는다. 또 술잔을 권해 받으면 바로 놓지 않고 입에 대고 놓는다. 이에 비해 일본인들의 술 매너는 매우 자연스럽다. 일본인들은 상대의 지위나 연장자 관계없이 한 손으로 술을 권하고 받는다.

일본인들은 술잔을 권하지 않고 상대의 잔이 비어 있을 때 첨잔을 하는 것이 기본적인 관습이다. 상대의 빈 잔을 방관하는 것은 상대에게 대한 무례이자 무관심이다. 그래서 부지런히 상대의 잔에 술을 채우는 것이다. 일본인과 술을 마실 때는 부지런히 첨잔을 해 주는 것이 예의다.

술을 주고받고 잔을 돌려야 정이 오고 술맛이 난다는 한국인의 술잔 돌리는 습관도 시대의 흐름에 따라 많이 변하고 있다.

도쿄의 까마귀 떼

도쿄시내를 거닐다보면 시내중심의 공원이나 신궁神宮 주변 숲 속에서 많은 까마귀 떼를 목격하게 된다. 산에서 살 까마귀떼가 이렇게 많을까 한국의 까치는 한 마리도 구경할 수가 없을까 생각한 적이 있다.

한국에서는 예로부터 까치를 길조吉鳥로 여겨왔다. 기쁜 소식을 전한다고 하여 희작喜鳥이라 하였다. 그래서 아침 일찍 집 앞 나무가지에서 까치가 울어대면 반가운 손님이 온다고 믿어왔고 멀리 떠난 자식이나 가족에게서 반가운 소식이 온다고 생각했다.

그런데 최근 길조로 여겼던 까치들이 애물단지가 되고 있다. 농작물의 피해를 주고 있을 뿐 아니라 전신주의 송전탑에 집은 지어 합선위험을 주고 있기 때문이다.

반면 까마귀는 무언가 불운을 가져온다고 전해왔다. 시체를 뜯어먹는 잡식동물로 인식하여 대표적인 흉조凶鳥로 여겨왔다. 외국 영화장면에서도 짐승이 죽거나 장례를 지낼 때 까마귀 떼가 많이 등장하는 장면을 볼 수 있다.

그러나 일본에서는 예로부터 한국에서 흉조로 여기는 까마귀를 영리한 동물로 생각해왔다. 그래서 까마귀를 친밀감을 느끼는 것이 아닌가 싶다. 어린이들의 동요에도 자주 나오고 설화 전설에도 사람과 가까운 선량한 존재로 등장하기도 한다.

최근은 일본에서도 주택가에 새벽부터 울어대는 까마귀 소리를 좋아할 이는 없다. 잠을 깨는 사람이 많기 때문이다. 산에서 살아야 할 까마귀 떼가 쓰레기통까지 몰려들어 온갖 마음을 어지럽히니 애물단지 새로 전락하고 있다. 일본 동요 중에는 "까마귀야 왜 우니 까마귀는 산으로……."라는 동요도 있다.

일본의 도쿄에서는 음식 쓰레기를 파먹으면서 지저분하게 어지럽히고 갑자기 아이들을 습격하는 등 까마귀 때문에 골치를 앓는 일이 많아지고 있다. 몇 년 전에는 까마귀로 인한 고충이 500건 이상 달해 도쿄도에서는 긴급 포획작전을 전개한다고 했다. 현재 도쿄도의 23개 구내에 21,000마리로 추정하고 있는 1/3정도 없앨 예정이라고 하니 까마귀의 심각성을 짐작할 수 있다.

그런가 하면 사사기히로시佐久木洋 씨가 쓴 책『까마귀는 훌륭하다』의 글에 의하면 통행인을 습격하는 까마귀가 "사회를 반영하는 거울"이라고 하였다. 까마귀를 잘 관찰하면 곧 대지진이나 분화가 일어날 것을 감지하는 '하늘의 소리'라고도 했다. 옛날 간무천황桓武天皇이 천하를 통치하기 위하여 마땅한 장소를 찾고 있을 때 까마귀가 길을 안내했다는 문헌을 소개한 글도 있다.

까마귀는 일본의 전 국토에 많이 서식하고 있는데 비해 까치는 한 마리도 볼 수가 없다. 그런데 한국에서 가까운 규수九州 북서부의 일부 해안 지방에서는 볼 수 없는 까치가 서식하고 있는데, 이 까치는 임진왜란 때 한국에서 일본으로 건너간 까치라고 한다.

후쿠오카 히로시福岡博 씨가 쓴『사가佐賀에 남아 있는 조선문화』라는 글에 의하면, 도요토미 히데요시가 조선을 침략했을 때, 부산포에 도착한 군선軍船의 돛대 위에 날아와 "까치 까치" 하며 울었기 때문에 행운을 가져다 주는 길조라 여겨 이 곳 사가로 가지고 왔다는 것이다. 이렇게 건너간 길조 까치가 상서로운 새로 여겨져 1641년에는 이곳의 봉건영주 나베시마 카쯔시게鍋島直茂는 어응장어면어수두御鷹場御免御手頭라는 규칙을 만들어 까치를 보호하였다. 그리고 1923년 3월에는 한국의 까치를 천연기념물로 지정하여 오늘날에는 이 까치가 사가현으로 대표하는 현조縣鳥로 지정되었다고 한다.

우에노 공원에서 본 벚꽃 축제

일본을 드나들 때 나는 나리타成田 공항에서 스카이라이너Sky Liner를 이용하여 우에노上野 역에서 하차한다. 근처의 국철 야마노테센山の手線을 이용하면 편리하기 때문이다. 또한 주변에는 일본의 유명한 우에노 공원上野公園과 국립박물관이 있고 일본 전통의 아메요코 시장 등이 있어 항상 많은 인파가 붐비는 곳이다.

어느 해 4월에, 일본에 천자문을 전한 백제인 왕인王仁 박사 추모비와 일본의 국립도서관을 찾아보기 위해 들렀다가 마침 일본인들의 하나미 축제(벚꽃축제)를 볼 수 있었다. 입구에 들어서니 양 옆으로 축제 등燈이 나란히 달려있고, 수많은 인파가 모여 있어, 공원 안은 온통 축제의 분위기였다. 좀 더 안으로 들어서니 만개한 벚꽃이 눈이 부셨다. 그제야 이 수많은 인파가 벚꽃을 보기 위해 사방에서 모여든 것임을 짐작할 수 있었다.

일본에서 벚꽃구경은 '하나미花見(はなみ)'라고 해서 단순히 벚꽃만을 즐기는 것이 아니라 벚꽃나무 밑에 자리를 깔고 도시락을 먹거나 술을 마시며, 노래를 하는 등 소풍의 성격이 강하다. 가을철의 단풍놀이는 '모미지가리紅葉狩(もみじがり)'라 하여

준비해 온 맛있는 음식을 먹으면서 차분한 분위기로 지나가는 가을을 아쉬워하는 것이 특징이다. 일본은 지형이 복잡한데다 일본열도가 길게 뻗어 있어서 우리나라와 같이 지역에 따라 꽃이 피는 시기가 다르다. 규슈나 시코쿠 같은 남쪽에서 3월말쯤 꽃이 피기 시작해서는 점점 북쪽으로 올라갈수록 늦어져 가장 북쪽에 위치한 홋가이도北海道에서는 5월이 되어서야 꽃이 핀다.

우에노 공원은 도쿄 시민이 많이 찾는 곳이다. 수많은 인파가 모여들어 활짝 핀 꽃나무 밑에 자리를 깔고 준비해 온 음식과 술을 마시면서 마냥 즐기는 모습들이 활짝 핀 꽃만큼이나 밝게 보였다. 주중이라 그런지 아이들은 보이지 않고 직장 동료들로 보이는 남녀가 함께 술을 마시며 왁자지껄하게 떠드는 모습이 보인다. 한쪽에 자리를 마련하고 누운 사람, 벌써 거나하게 술이 오른 사람, 일본의 전통춤을 추는 사람 등 정말 다양한 모습의 일본인들을 볼 수 있었다.

평소 조용조용한 일본인들의 모습만 보아 오다가 이러한 모습을 보니 약간 생소한 느낌이 들기도 했다. 아마도 그들 나름대로는 일상의 구속에서 확 풀려나 자유를 만끽하고 있는 것이라 생각했다.

일본인의 꽃놀이는 단지 벚꽃의 아름다움만을 즐기는 것이 아니라 만개한 벚꽃만큼이나 생활의 풍요를 기원하는 행사이기도 하다. 하나미花見는 원래 꽃을 보고 즐기는 것 자체를 뜻하는 것이다. 오늘날에는 야외에서 벚꽃을 보면서 도시락을 먹기도 하고 연회를 즐기는 행사를 의미하는 것을 뜻한다. 일본의 전통적인 풍습으로는 하나미花見(꽃구경) 이외에 유키미雪見(눈구경), 쯔키미月見(달맞이) 등이 있었다. 그런데 유키미와 츠키미는 거의 사라지고 하나미는 도시나 농촌을 막론하고 봄에 열리는 연중행사로 전국에서 이루어지고 있는 것이다.

한국에서도 봄의 벚꽃구경, 가을 단풍구경, 달맞이 행사가 있었다. 지금은 달맞이 행사는 사라지고 벚꽃 피는 시기가 되면 서울 여의도 윤중로, 진해 등 벚꽃

하나미 벚꽃 축제

축제에 수십만 인파가 모여든다. 그러나 일본인들처럼 자리를 깔고 느긋하게 누웠거나 앉아서 즐기기보다 거닐면서 꽃구경하는 차이가 있다. 그리고 가을 단풍이 곱게 물들면 설악산, 지리산 등 전국 산야를 찾는 인파로 줄을 잇는다.

나는 일본의 우에노 공원에서 일본인들의 질서 있는 색다른 하나미 행사를 보면서 역시 질서 있는 국민이라는 것을 실감하였다. 그 수많은 인파가 자리마다 줄을 쳐놓은 경계선 안에서만 앉아서 먹고 마시고 즐길 뿐 줄친 경계선을 넘어 밖으로 벗어 나오거나 남에게 폐를 끼치는 광경을 볼 수 없었다. 우리와는 너무 대조적이었다. 곳곳에는 쓰레기 분리 통이 설치되어 칸마다 색상으로 선명하게 표시되어 있어 그 수많은 인파가 모여 있는 데도 쓰레기 하나 눈에 띄지 않았다. 도쿄 시청에서 세워 놓은 입간판이 눈길을 끌었다. 뒤에 오는 사람을 위해서 자리를 너무 오래 차지하지 말자는 글귀였다.

내가 도쿄에 머무는 동안 일본인들의 마냥 즐기는 벚꽃 축제 모습이 내내 사라지지 않았다. 아니 지금도 봄이 되어 만개한 벚꽃나무 밑을 지나려면 우에노 공원의 벚꽃 축제 분위기가 떠오른다.

서점가에서

일본에 출장을 갔을 때나 그 밖의 개인용무로 갔을 때 꼭 틈을 내어 들리는 곳이 있다. 세계적 규모를 자랑하는 산세이도三省堂서점을 비롯하여 90여 년의 전통을 지닌 이와나미岩波서점 등 많은 책방들이 모여 있는 일본 도서출판 판매의 일번지라고 할 수 있는 간다神田의 서점가이다. 간다 거리는 서점이 즐비하고 서점마다 책이 가득하다, 새 책방과 고서점이 즐비하게 어우러진 거리이다.

서점가에 들러 잘 진열된 책들을 살펴보노라면 일본의 사회 변화와 일본인들의 문화 수준을 가늠해 볼 수 있다. 이곳 간다에서는 도쿄의 다른 서점에서 구할 수 없는 책이라도 어렵지 않게 구할 수 있다. 이곳은 여러 종류의 신구서新書가 다양하게 전시되고 있기 때문이다. 그래서 간다 거리의 북적댐과 호황은 일본인들의 대단한 독서열을 나타낸다. 이런 추세에 발맞춰 도서 출판의 양과 종류도 엄청날 정도로 많다.

최근 들어서는 일본의 서점가에서도 거품 현상으로 폐업하는 서점이 늘어간다고 한다. 1년 폐업한 서점만도 전국에 1,300여 점인데, 이는 사상 최대라고 한다.

간다 고서점거리

1995년까지 거슬러 올라가면 약 6,400여 서점이 없어졌다고 한다(아사히신문 사설).

한국에서는 경제 불황, 서점의 대형화 등으로 문을 닫는 서점들이 늘어가고 있다. 서울 광화문에 있는 교보문고는 한국에서 제일 큰 서점으로 일본어 책의 코너가 있어 필요한 일본어책을 구할 수 있다. 거기에는 나이든 노년층이 주 고객이었으나 최근에는 젊은층의 독자들도 이용하고 있다.

오래 전 도쿄에 갔을 때도 예외 없이 간다의 대형서점 몇 곳을 돌아보았다. 그런데 예년과는 달리 서점의 초입, 가장 눈에 잘 띄는 위치에 종류를 헤아릴 수 없이 많은 역사물들이 가득히 진열되어 있었다. 말썽 많은 새교과서의 원본이라고 할 수 있는 『국민의 역사國民の歷史』를 비롯하여, 『저주와 속박의 근현대사呪束の近現代史』, 『사랑하는 손자들에게 전하고 싶은 역사의 진실歷史の眞實』 등 헤아릴 수 없이 많았다.

그런데 모두가 하나같이 과거의 침략을 부정하는 책들이다. 내용은 대체로 1950년대의 도쿄의 전쟁 재판은 부당하다. 원폭투하 당한 피해국이 왜 사죄하는가.

대동아전쟁은 침략 전쟁이 아니었다. 중국, 한국에 대한 침략행위는 솔직히 인정할 수 없다. 현행 교과서는 안이한 자기악역사관安易な自己惡歷史觀이기 때문에 자국의 역사를 회복하자, 등의 주장을 담고 있었다.

나는 사랑하는 손자들에게 역사의 진실을 가르치자는 내용들이 거짓과 궤변들이어서, 일본 보수우익 인사들이 혼네本音를 읽을 수 있었다. 역사의 진실 등의 책에는 극우파 인사인 이시하라 신타로石原太郎 지사의 추천 글까지 들어있었다.

대충 살펴보고 나오려는데 우익성향의 사람들이 쓴 많은 책들 속에서 일본의 양심인들이 쓴 책 『국민의 역사國民の歷史 철저 비판』, 『교과서에 진실과 자유를』(연락회 편)을 발견하였다. 그래서 이 비판서와 거짓으로 쓴 『역사의 진실』 두 권을 구입했다. 그런데 그 후에도 모임교과서 반대운동을 전개하면서 일본의 양식 있는 지식인들이 쓴 비판서도 꽤 많이 출판되고 있다. 예를 들면 『새로운 역사교과서의 절판을 권고한다』, 『역사교과서의 여기가 이상하다』, 『위험한 교과서 철저 검증』 등이 그러하다.

새로운 역사교과서 표지

연락회편의 『교과서에 진실과 자유를』은 일본 우익 보수의 역사관을 비판하는 모임에서 만든 것이다. 이 모임은 교과서로부터 종군위안부를 삭제하려는 정치 운동이나 우익의 협박 행동에 대해 양심적 압력을 가해야 한다는 각성에서 시작되었다. 이 모임은 교과서의 중신中身이 변하게 돼 진실이 왜곡되는 것을 용서할 수 없고 교육과 교과서의 자유, 자립을 지킬 것을 목적으로 1997년 3

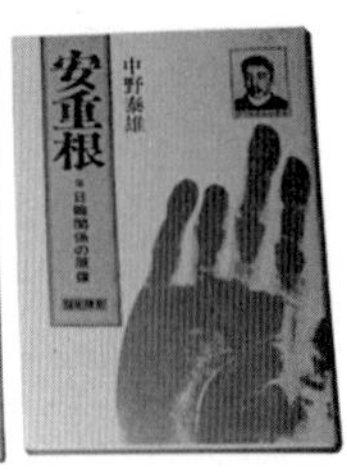

국민의 역사 철지 비판 표지

월 일본 각계의 사람들이 참가하여 결성되었다.

이들은 『국민의 역사』 비판서를 만들기로 하였다. 집필진은 이 단체의 대표인 하마바야시 마사오浜林正夫, 히토바시 대학 명예교수, 역사 교육자 협의회 이시야마 히시오石山久男 사무국장, 와다라 요시후미俵義文, '어린이와 교과서 전국네트21'의 사무국장 등 대학교수 · 사회 각계 인사 22명으로 구성되었다. 이들은 『국민의 역사』를 철저하게 조목조목 분석, 비판하고 있다.

『국민의 역사』에 드러나 있는 그릇된 역사관, 사실 왜곡, 정치적 이데올로기 등을 아주 명쾌하게 반박하고 있어 한 · 일간 '역사전쟁'의 실체를 파악하는 데 꼭 필요한 비판서이다. 우리나라의 역사학계에서도 이에 버금가는 논리 정연한 학문적 비판서가 계속 발간되기를 바라는 마음은 비단 나만의 생각은 아닐 것이다.

다니구찌 씨의 『인생독본』

30여 년 전 처음으로 일본 땅을 밟았을 때 이와나미岩波서점에서 제일 먼저 구입하여 읽은 책이 있다. 일본인 다니구찌谷久雅春 씨가 쓴 『인생독본』이다. 우선 일본의 다른 책과 달리 한자에 가나仮名로 음을 달아 읽기가 용이하고 문장이 이해하기 쉽게 표현되어 있다. 특히 내용면에서도 성경과 같이 인간에게 필요한 보석 같은 진리가 가득 담겨 있는 책이다.

일본 책을 읽을 때 가장 난해한 것은 우리네와 달리 어려운 한자가 너무나 많은 점이다. 한국의 경우는 순 한글로 쓰이고 꼭 한자가 필요시에는 ( ) 속에 한자를 병기하고 있다. 그리고 한자의 발음에 있어서도 우리네와 달리 음으로 읽는 음독音讀과 뜻으로 읽는 훈독訓讀으로 읽을 뿐 아니라 지나치게 많은 외래어와 합성어, 신조어 등이 많아서 정말 외국인이 일본어 책을 읽는다는 것은 너무 어렵다. 그런데 이 『인생독본』은 서두에서도 밝혔듯이 누구나 쉽게 읽도록 쓰인 책이며 누구나 읽어서 매우 유익한 책이다.

당신의 마음속에는 태양이 있다.

당신은 바다의 해를 본적이 있습니까? 바다로부터 떠오르는 태양은 대단히 크다.

바다의 저편에서 큰 태양이 새빨간 모습으로 떠오르면 넓은 파도의 수면에 그것이 비춰 반짝반짝 몇 만의 파도가 태양을 찬미하는 노래를 부르고 있는 광경은 무어라 말할 수 없는 아름다움입니다.

그것을 가만히 보십시오.

누구나 합장하고 기도할 기분을 갖게 됩니다.

그것은 당신의 마음속에 그 태양과 같은 빛이 있기 때문입니다.

이 책은 그 마음에 불을 점화하는 책입니다.

읽고 있는 동안 당신의 마음이 선해지고 행함이 선해지고 건강하게 됩니다.

이 속에 가르치고 있는 데로 길을 걸어 보세요.

이 글은 저자가 서두에 밝힌 글이다. "인생은 여행, 여행은 길동무 여행에도 혼자서는 재미가 없는 것이다. '저 풍경은 좋은데', '정말 저 산의 녹색은 아름답구나', '저기에는 내가 흐르고 있다', '하얀 띠와 같이 보이는구나. 정말 아름답군' 등과 같이 서로 이야기를 나누는 것이야말로 여행길은 즐거워지고……, 또는 여러분 이제부터 '저것이 나쁘다, 이것이 나쁘다'라고 보지말고 좋은 곳만 보도록 합시다. 그것이 당신을 태양처럼 건강하게 하는 것입니다."라고 쓰고 있다.

이 책은 젊은이로부터 노인에 이르기까지 읽으면 읽을수록 좋은 책이다. 이 책 속에는 인생의 살아가는 방법이 있고 어려움을 극복하는 방법이 있다. 크게 변하고 수백 년이 지난다하여도 진리는 만고불변의 것이다.

나는 30년이 지난 지금도 이 보석 같은 내용이 담긴 책을 가까이 두고 읽고 또 읽고 있다. 이 책을 읽고 있노라면 나도 모르게 마음이 편안해진다. 그리고 저자의 보석 같은 마음을 헤아리게 된다. 저자와 직접 만난 적은 없지만 그의 글을 통해서 저자와의 만남은 행복한 순간이다.

그런데 요즈음 사람들은 온통 인터넷에 매달려 책을 멀리하고 있다. 필요한 정보와 자료를 인터넷에서 쉽게 얻을 수 있기 때문에 총합하는 힘은 앞으로의 사회에서 불가결한 힘임에는 틀림없다. 그러나 총합적인 성장은 자기보다 앞선 사람과의 대화를 통해서 육성된다고 생각한다. 곧 그것은 좋은 책을 많이 읽고 저자와의 만남이 아닐까 싶다.

이와나미 문고본

일본의 책방에 들렀을 때 우선 놀라운 것은 책의 종류가 많고 같은 테마의 책도 수십 종씩 출판되고 있는 것이다. 그리고 한국과는 달리 소형의 문고판의 출판이다.

일본의 서적 출판 특징이라고 할 수 있는 것은 신쇼新書와 문고판인 분코文庫이다. 이 두 종류는 모두 보급판이라고 할 수 있다. 신쇼는 연구서이면서도 개설서와 같은 내용이 주인 반면에 문고본은 세계적인 명저나 베스트셀러로서 롱셀러를 많이 보급하기 위한 형태라고 할 수 있다. 통계에 따르면 일본의 경우 1년 문고판 신간 종수는 6천 1백여 종이며, 판매 부수는 2억 2천여 만 부에 달한다고 하니 가히 그 위력을 짐작할 수 있다.

일본에서 문고본의 붐을 일으킨 것은 이와나미 쇼텐岩波書店이 1927년 7월에 펴낸 '이와나미 분코'였다. 유명한 소설가 나쓰메 소세키夏日石의 『마음』을 위시한 일본의 문학과 톨스토이의 『전쟁과 평화』 등 한꺼번에 22권을 발간하였다고 한다.

농부의 아들로 태어나 1913년에 이와나미 쇼텐을 창업한 이와나미는 제2차 세계대전 패전 후의 어려웠던 시절에도 주머니 사정이 어려운 학생 청년 지식인들에 지성의 자양분을 제공하였다고 한다. 이와나미 분코는 창간 80년을 맞은 2007년 여름까지 총 5,400여 종의 3억 5,000부를 발간하였다고 한다.

일본의 전철을 타보면 그 많은 인파 속에서도 대부분 책을 읽는 모습을 볼 수 있다. 일본인들은 전문서적 이외에는 통근시간을 이용해서 휴대하기 편리한 소형의 문고판을 가지고 다니면서 읽는 습관을 가지고 있는 것이다. 그래서 문방구에서는 심지어 문고판의 책 커버까지 팔고 있다. 이것은 책을 깨끗이 보관하기 위해서라기보다는 책의 제목이 다른 사람에게 보이지 않기 위해서라고 생각하면 된다. 다른 사람에게 보여서 부끄러운 책도 있겠지만 다른 사람에게 머릿속을 들여다보이지 않으려는 생각인지도 모른다.

그런데 다행히 한국에서도 문고본 바람이 다시 불고 있다. 2008년 보급판 문고본 대전을 김영사 · 해냄 · 동아시 등 50개 출판사에서 100여 종의 문고본을 모아 파는 행사를 하고 또 은행나무 · 생각의 나무 · 학고재 · 세종서적 등 117개 출판사도 '핸드인 핸드라이브리지'라는 문고본 전문 브랜드를 공동으로 출판 예정이라고 하니 정말 희소식이 아닐 수 없다. 저렴한 가격으로 다양한 독자들이 부담없이 구입하여 읽을 수 있게 되었으니 말이다.

책은 무한한 지식과 지혜를 주는 스승이다. 우리는 독서를 통해서 옛 성현들을 만날 수 있고 성현의 말씀을 들을 수 있다. 책은 만인의 지혜라고 했다. 헤르만 헤세도 "책 속에 네가 필요로 하는 모든 것이 있다. 태양도, 별도, 달도, 네가 찾던 빛은 네 자신 속에 살아 있기 때문에 네가 오랫동안 만 권의 책 속에서 구하던 지혜는 지금 어떤 책장에든지 빛나고 있다. 그것은 너의 것이기 때문에"라고 읊었다.

책은 과거를 들여다보는 거울이면서 미래를 내다보는 넓고 끝없는 바다와 같다.

우리는 책 속에서 앞으로의 삶을 설계하고 문화를 창조할 수 있다.

문고판은 저렴한 가격과 휴대하기도 간편하고 대량 생산화에 대량 보급이란 특성을 가지고 있어 독서 인구의 저변확대와 지식의 대중화를 꾀할 수 있다. 이러한 좋은 장점을 가진 문고판이 팔리지 않아서 출판사에서 출판할 수 없다고 한다.

이제 서울의 하루 전철 이용 인구만도 1,000만여 명에 이르고 있다. 일본인은 축소 지향적이어서 작은 것을 좋아하고 한국인은 작은 것보다 큰 것을 좋아하는 편이라고 한다. 하지만 휴대하기도 간편하고 좋은 내용의 문고판을 널리 보급하여 출퇴근 시간의 전철이나 여행 배낭 속에 한두 권의 책을 넣고 다니며 책을 읽는 분위기가 조성되었으면 얼마나 아름답고 좋을까를 생각해본다. 전철이나 버스 안에서 책을 읽는 모습을 보노라면 그렇게 행복하고 아름다워 보일 수가 없다.

한국만큼 중요한 나라는 없다

『한국만큼 중요한 나라는 없다韓國ほど大切な國にはない』는 내가 주장하는 글이 아니다. 마이니치毎日신문 논설위원인 시게무라 도시미츠重村智計 씨 저서의 제목이다.

이 책을 처음 접한 것은 10여 년 전 가을 도쿄에서 였다. 서점가로 유명한 간다神田 이와나미岩波문고에서였다. 잘 진열된 수만 권의 책 중 눈에 번쩍 띠였다. 그 당시만 해도 일본의 한국 비판서들로 서로의 감정이 좋지 않을 때였다.

그런데 도쿄의 한 복판에서 '한국과 정략적으로 동맹을 맺지 않으면 일본의 장래는 없다'는 것이다. 나는 한일관계에 특별히 관심을 갖고 '어떻게 하면 한일 양국이 서로 갈등을 해소하고 가까운 이웃으로 살아갈 수 없을까'를 평생 가슴속에 담고 살아왔는데 그 책 속에 내가 하고 싶은 이야기들이 담겨 있었다.

잘못된 역사 인식과 섬나라 근성 등 왜곡된 한국관을 갖고 있는 일본인들에게 각성을 촉구하면서 한국 발전의 장애, 한국의 통일문제, 북한 문제까지 한국이 고민할 문제까지 생각하고 있었다.

시게무라 씨는 서울과 워싱턴에서 근무한 경험 등을 통하여 정치 경제적 감각으로 균형과 객관적으로 일본인에게 한국을 소개하는 책이다. 그러나 우리에게도 매우 도움되는 책이라 생각되어 그의 뜻 일부를 소개하고자 한다.

한국은 왜 전략적 존재인가를 생각할 때는 역사를 긴 안목으로 보고 싶다. 우선 일본의 정권과 국가의 흥망을 생각하면 한반도에 파병하고 한반도를 침략한 정권은 도요토미 히데요시豊臣秀吉처럼 힘을 잃고 멸망한다. 좀 더 넓게 보면, 가마쿠라鎌倉 정권도 몽고와 고려군의 공격을 받아 마침내 멸망했다. 더욱이 이 식민지 정책의 실패로 인해 당시 일본인 자손인 현재의 우리가 피해를 입고 있다. 반대로 한반도와의 관계를 평온하게 유지했던 도쿠가와 이에야스德川家康 정권은 장기적인 안정을 누렸다. 도쿠가와 시대의 일본 유학자와 조선 학자의 교류는 지금도 따뜻한 인간적인 정情을 남기고 있다. 어쨌든 한국과 한반도는 일본과 일본인에게 가장 초보적인 국제감각과 외교감각, 그리고 전략관을 시험해 보게 하는 지역이다.

두 번째, 해외에서 생활한 일본인이라면 경험했겠지만 일본인에게 한국인만큼 감정이 통하는 외국인은 없다. 또 외국에 가면 한국인과 일본인은 서로 협력하고 사이가 좋아진다. 일본인에게 정말 친해지는 외국인 한국인밖에 없다고 해도 과언은 아니다.

세 번째, 개인적 관계는 물론, 국가와 국가의 관계에서도 일본과 한국은 21세기에 세계적인 공헌을 위해 협력할 가능성을 갖고 있다. 조금 달리 말한다면, 21세기 아시아에서 일본이 중국이나 동남아시아를 상대로 신뢰받고, 존경받기 위해서는 한국과의 관계를 개선해야 한다. 한국과 우호적이고 전략적인 관계를 구축한다면 아시아 제국은 일본을 한 수 접고 보아줄 것이다. 국제 사회에서 이웃나라와 우호적인 관계를 유지할 수 없는 나라는 결코 존경받지 못한다. 국제 정치에서 보면 타국간의 분쟁은 제3국에게 유리한 외교카드가 되기 때문이다. 좀 더 분명히 얘기하면 일본과 신뢰, 협력 그리고 전략 관계를 맺을 수 있는 아시아나라는 한국 이외에는 없다는 것이다.

네 번째, 한국은 현재의 경제위기를 마침내 극복하고 다시 부활한다. 그럴 수 있는 인재를 가지고 있다. 그 때 한국과 일본이 아시아에서 최강의 협력관계를 구축하지 못하면 국제사회에서 한국과 일본의 미래는 상당히 힘들어진다.

다섯 번째, 21세가 일본인에게 우호적이고 전략적인 한일관계를 남겨주는 것이 현재의 일본인에게 부과된 역사적 책임이라고 생각한다. 이를 위해서 한국인의 신뢰를 얻는 것이 중요하다. 전후 일본인이 변했다는 것을 많은 한국인들은 아직 모른다.

지금 시기의 협력이야말로 한국인의 신뢰를 회복하고 한일의 미래를 만들 수 있는 절호의 기회다. 이 기회를 놓치면 이제 좀처럼 우호적으로 전략적인 관계를 구축할 기회는 없을 지도 모른다.

그런 의미에서 2002년 월드컵 공동 개최의 성공이야말로 한일 국민의 신뢰와 이해를 촉진할 수 있는 최후의 기회일 것이다. 일본은 월드컵 공동개최를 하늘이 준 역사적 은총으로 활용해야 할 것이다.

폄하하는 엉터리 책들

최근 마이니치 신문에 따르면(2006.7) 일본 열도를 휩쓴 일본만화 한국을 비판한 혐한류가 1년 만에 67만 부가 팔려 베스트셀러가 되었다고 한다. 바깥이 보이지 않은 불쌍한 민족, 한국의 매스컴은 모두 반일이다, 월드컵은 한국인에 의해 더럽혀졌다, 한국은 일본의 문화를 훔친다 등 이것이 시리즈의 주요 목차다.

마이니치每日 신문은 내용에 관한 찬반 의견을 담은 1,000여 통의 독자편지가 출판사에 쇄도할 정도로 반향이 컸다고 전했다. '한국의 역사인식은 거의 날조임을 알았다는 식의 찬동의견과 한국은 잘못이 없다. 나쁜 것은 자신들의 과오를 보지 않는 일본인들'이라는 반대의견도 들어오고 있다고 한다.

만화 뿐만은 아니다. 일반 출판물 중에도 상당수가 오만과 편견으로 상대를 깎아 내리려는 엉터리 책들을 쏟아내고 있다. 한때 『추한 한국인醜, 韓國人』, 『한국의 오만韓國の傲慢』, 『한국의 치맛바람韓國のスカートの風』 등이 문제가 된 적이 있다.

『추한 한국인』은 광문사와 가세 히데아키河瀨英明라는 평론가가 야비하게 박태혁朴泰赫이라는 한국인의 이름으로 한국의 최고 명문대 출신의 언론인으로 내세워

(위장하여) 한국인을 비하 목적으로 쓴 엉터리 악서이다.

결국에는 저널리스트인 황민기 씨가 가세의 정체를 적나라하게 밝힌바 있다.

이 책은 처음부터 끝까지 계획적으로 일본의 식민지 정책을 정당화하고 한국인의 자존심을 최대한 훼손할 목적으로 쓴 책이다. 그야말로 오만과 편견으로 일본 독자에게 한국인을 매도한 악서이다. 그런데 이러한 엉터리 책이 발행되자(1993.3.30) 3개월 만에 9쇄를 발행할 만큼 베스트셀러로 반향을 일으켰다.

그런가 하면 한국에서는 그에 맞서 『추한 한국인이 일본에 답한다』(세림사 이영춘)가 출판되었고, 혐한 출판물에 반론을 제기한 『비뚤어 가는 일본』(세림사 홍진희 지음) 등의 책이 출간되기도 하였다.

이렇게 한일 양국관계는 전혀 생각하지 않고 상대 나라를 자극하여 역이용, 오로지 돈만을 생각하는 그야말로 이코노믹 애니멀 근성이 아니면 무엇이겠는가. 양심을 속여가면서 역사를 왜곡하고 부정하면서 상대에 대한 적개심을 부채질하거나 꼬투리를 잡아 비난해서는 안 된다.

이렇게 양국 서로가 소모적인 일에 시간을 낭비해서야 되겠는가. 양심을 져버린 채 역사를 왜곡 · 부정하면서 만화라는 매체가 갖는 독자의 접근 용이성을 이용하여 온갖 자극적 수식어를 동원하여 만든 만화 '혐한류'.

이것은 다분히 한국인의 감정을 자극하여 개인적인 증오심의 한풀이로 쾌락을 느끼면서 돈만을 벌겠다는 이코노믹 애니멀 근성의 심리적 작용이 아닌가 싶다. 적어도 일본의 미래와 한일 양국관계를 염두에 둔 사람들이라면 그러한 류의 저질 책을 만들

추한한국인 표지

수가 없을 것이다.

물론 일본도 민주국가이므로 다양한 계층의 사람들이 수만 종류의 책들을 쏟아내고 있지만 적어도 비판의 글을 쓰기 위해서는 서술의 정확성 · 객관성 · 타당성은 말할 것도 없고 상대방의 마음을 자극하는 표현은 삼가는 것이 기본적인 상식일 것이다.

그리고 한편 한국인도 이러한 저질의 엉터리 책이 나올 때마다 흥분하고 분노하면서 일일이 대응하기보다 일본의 양식 있는 지식인들의 몫으로 돌리고 그들의 활동을 지켜보는 여유 있는 마음가짐이 필요할 때가 아닌가 싶다.

왜냐하면 일본에는 한국인을 매도하고 헐뜯는 저질스런 엉터리 책을 만드는 부류가 있는가 하면 양식 있는 지식인들도 많이 있다는 사실도 염두에 두었으면 좋겠다.

최근 일본에는 한일관계를 차분하게 성찰해 볼 수 있는 책들이 속속 출판되고 있다.

예를 들어 『일본의 전후 책임론日本の戰後責任論』, 『결코 피할 수 없는 야스쿠니신사靖國神社 문제』, 『이것만은 알리고 싶다』, 『일본과 한국의 역사日本と韓國の歷史』, 『일본은 과거로부터 자유로운가 '전후화해戰後和解'』, 『신의 나라 가라神の國いけ』 등 다수, 그리고 『만화 혐한류』에 대한 일본 지식인들이 쓴 비판서 『일한 새로운 시작을 위한 20장日韓新たな始まりための20章』을 들 수 있다.

이 책은 『만화 혐한류』에 대한 비판서로 1부, 혐한류 현상분석 2부, 일본의 조선 식민지 지배와 관련한 문제 3부, 재일 한국인의 역사와 재일 외국인들을 둘러싼 문제 4부, 한일 관계에 대한 논의로 『만화 혐한류』에 대한 비판과 함께 비판을 넘어 새로운 한일 관계의 시작을 어떻게 해야 하는지에 대한 성찰이라고 할 수 있다(저자 : 다나카 히로시田中宏 류코쿠 대학 교수 외 19명의 지식인).

책 읽는 나라 일본을 보면서

일본 내 지하철에선 책을 읽는 사람들을 많이 볼 수 있다. 손바닥만 한 문고판 등이 주류다. 세계적인 독서 강국임을 실감케 한다.

최근 일본의 요미우리讀賣신문이 독서주간(2008.10.27~11.9)을 앞두고 실시한 여론 조사 결과에 따르면 일본국민의 54%가 한 달 동안에 한 권 이상의 책을 읽는 것으로 나타났다. 지난 해 같은 기간에 비하면 6% 포인트 증가한 것이다. 두 권 이상 읽는 사람은 14.6%, 세 권 이상도 10.4%나 됐다. 책을 읽는 이유로는 '지식과 교양 함양을 위해서'(47%)가 가장 많았다. 그밖에 '재미있어서'(32%), '취미를 살리기 위해'(27%), '일을 잘하기 위해'(22.4%), '세상 돌아가는 것을 알기 위해'(15.2%) 등의 순이었다. 인터넷 서점이 늘고 있지만 '서점에서 직접 고른다'는 사람이 40%로 가장 많았다.

일본의 출판사들은 독자들의 독서취향에 맞춰 실용·교양서에 주목하고 직장 생활이나 대인관계·재테크 등 유익한 정보들을 담은 책들을 부지런히 제공하고 있으며, 대형 출판사인 이와나미岩波서점과 고단사講談社 등에서는 연간 중형 문고판을 2000종 이상 발행하고 있다. 독자들의 취향과 주머니 사정을 고려한 이 책들은 한 해 2000만 부가 팔리고 있다고 하니 일본이 책 읽는 나라라는 것을 짐작할 수 있다.

그런데 한국출판연구소가 2007 국민 독서 실태조사 한 바에 의하면 우리나라 성인의 25%가 1년 동안 한 권의 책도 읽지 않는다는 충격적인 결과가 나왔다.

2009년 새해를 맞아 조선일보와 문화관광부가 '책 함께 읽자'라는 슬로건을 걸고 독서캠페인을 펼치고 있다. 우리 국민 모두가 이 운동에 적극 동참해야겠다.

책 읽는 즐거움을 통해서 국민의 교양 수준을 한 층 더 높여야 한다. "좋은 책을 읽는다는 것은 과거의 가장 뛰어난 사람들과 대화를 하는 것과 같다."는 데카르트의 가르침이었다. 책은 무한한 지식과 지혜를 주는 스승이며, 항상 기다려 친구이다.

나는 일본 땅을 밟을 때마다 일본의 서점가를 찾는다. 책방의 서가에 잘 정돈된 헤아릴 수 없이 많은 종류의 책들을 구경하는 것만도 즐겁고 부럽다.

그런데 일본 사람들이 한국을 얕잡아보는 가장 큰 이유 중에 한국의 엘리트들이 책을 읽지 않기 때문이라고 한다. 너무 자존심 상하는 말이 될지 모르지만 곰곰이 생각해 볼 일이다. 책을 읽는 사람이 존경받는 사회, 책을 가까이하는 사람이 사회의 지도층이 되는 사회가 되었으면 좋겠다.

2부

서로 다른 문화의 이해

이문화異文化의 이해

우리는 급변하는 새로운 세기를 맞이하고 있다. 글로벌화, IT 등으로 국경과 지역을 넘어 새로운 문화들이 홍수처럼 밀려들어와 새로운 이문화 속에서 다민족과 함께 살아가게 되었다.

도시의 경관이나 생활양식은 비슷해지고 사람들의 복장이나 음식물도 비슷해지고 있다. 그래서 자문화인 고유 전통문화의 변형을 우려하면서 다른 한편으로는 다문화에 대한 이해와 인식의 중요성도 요구되고 있다.

그런데 한국과 일본의 관계는 미국, 유럽 등 서양문화와는 달리 큰 동질성을 가지고 있다. 그 까닭은 한국과 일본이 몇 천 년 전부터 사람과 문물이 교류하면서 역사를 쌓아 온 관계가 아닌가 싶다. 중국을 포함하여 한자문화권에 속한 한·중·일 세 나라 관계는 가장 큰 동질성을 가지고 있는 특별한 관계의 나라라고 할 것이다.

이렇게 큰 동질성을 가지고 있으면서도 한편으로는 한국과 일본은 일상생활에서 많은 차이를 나타내고 있다. 이 차이는 인생관·사회관·자연관을 포함해서

메이진신사 전통혼례 모습

문화의 차이인 것으로, 우열을 따지기보다 서로의 문화 특성을 함께 이해하고 인식을 가질 필요가 있다.

한국과 일본의 문화적 차이를 극명하게 나타내는 것에는 복식문화를 들 수 있다. 한복은 상·하복인데 비해 일본의 기모누着物는 상·하 구분 없이 통째로 소테そで(소매)가 넓고 옷자락을 길게 만들어지고 있다. 전통옷인 기모노는 사람의 체격에 맞추는 서양식의 옷이 아닌 못을 감싸는 보자기 형식의 매우 융통적인 옷이라고 할 수 있다.

그런가하면 한국인과 일본인은 같은 쌀을 주식으로 하면서도 식생활 습관은 아주 다르다. 일본인들은 기본적으로 젓가락만을 사용하기 때문에 밥그릇을 들고 먹으며, 미소시루みそしる(된장국물)도 직접 들고 마신다.

한국의 전통가옥과 일본의 가옥에서도 근본적으로 차이가 있다. 북방에 위치한 추운 겨울을 맞이하는 한국에서는 따뜻한 온돌방이 발달되었다. 그러나 기후가 온화하고 습도가 높은 일본에서는 다다미畳를 깐 방 가운데에 숯불 넣은 난방기구를 사용하였으나, 현대에는 전기를 이용한 테이블 위에 이불을 씌어 그 속에 발을 넣고 따뜻하게 하는 난방 형식을 취하고 있다.

이와 같이 의·식·주의 사례에서 보듯 종교·언언 등 일상생활 속에서 수없이 많은 문화차이를 경험하고 있다.

일본전통의 마쓰리 장면

우리는 새로운 세기에 걸맞은 의식변화가 필요하나. 사문화 우위로 타문화를 낮춰보거나 속 좁은 마음으로 편견을 갖는 것은 문화국민이 될 수 없다. 상호 폭 넓은 문화교류를 통해서 타문화를 바르게 이해하고 존중하면서 더욱 친밀한 이웃 관계가 되도록 노력해야 될 것이다.

무궁화むくげ와 사쿠라さくら

국화國花는 그 나라를 상징하는 표상이다. 한 국가나 국민을 상징하는 꽃은 국민의 정서나 전통이나 사상을 함축적으로 표현한다. 궁극적으로는 그 나라의 문화 상징적 표상이 된다. 나라마다 제각기 다른 꽃을 가지고 있다. 중국－매화, 대만－모란, 타이, 이란, 아랍－연꽃, 베트남－대나무, 네덜란드 · 헝가리 · 벨기에 · 터키－튤립, 캐나다－단풍, 멕시코－다알리아, 영국－장미 등이 있다. 한국은 무궁화, 일본은 사쿠라櫻(벚꽃)를 국화로 정하고 있다.

한국의 나라꽃인 무궁화는 우리 민족과 같이 살아온 꽃으로, 우리나라를 상징하는 꽃이다. 원래는 일일화一日花이지만, 여름에서 가을까지 긴 기간에 걸쳐 계속된다고 하여 무궁화라는 이름을 가지고 있다. 무궁화가 한국 국화로 거론되기 시작한 시기는 구한 말 개화기 때부터이다.

안창호安昌浩를 비롯한 독립협회 등 애국단체 회원들이 우리나라의 독립을 지키고자 강연할 때마다 "우리 무궁화동산……", "무궁화 삼천리 우리강산……" 등으로 절규하였다. 여기에 자극을 받은 민중은 귀에 젖고 입에 익어서 무궁화를 인식하고 사랑하게 되었다. 이렇게 본다면 무궁화는 일세강점을 전후하여 민족의 상징으로서 선택되었다고 할 수 있다(이상희, 『꽃으로 보는 한국문화넥서스』).

사쿠라

한반도를 옛날에는 근역槿域이라 불렀고, 근래에는 '무궁화동산' 또는 '무궁화삼천리금수강산'이라고 일컬었다. 구한말과 일제 강점기 시대에 무궁화란 말은 곧 우리나라를 가리키고 우리 민족을 상징하였다. 갑오개혁 이후 신문화가 이 땅에 밀려오면서 선각자들은 민족의 자존심을 높이고 열강들과 대등한 위치를 유지하고자 국화의 필요성을 인식하게 되었다. 그리하여 남궁억南宮檍과 윤치호尹致昊 등이 서로 협의하여 무궁화를 국화로 하자고 결의하였다. 물론 많은 사람들의 의견을 집약한 것이다.

그 후 애국가의 후렴에 "무궁화 삼천리 화려한 강산"으로 불리면서 명실 공히 국화로 자리잡게 되었다. 초등학교 음악교과서에 "무궁화 무궁화 우리 나라꽃 삼천리 강산에 우리 나라꽃 피었네 피었네 우리 나라꽃"이란 노랫말이 실려 있고, 또한 우리나라 애국가의 후렴에 "무궁화 삼천리 화려 강산 대한사람 대한으로 길이 보전하세."란 구절이 나온다.

무궁화의 특성을 보기로 하자. 첫째, 생명력이 강하다. 둘째, 무궁화는 한번 피기 시작하면 장장 서너 달씩이나 피고지기를 계속하여 7월~10월이 지나도 피기를 멈추지 않으니 그 은근함과 끈기는 우리 민족성에 잘 맞는 꽃이다. 오늘의 꽃이 피고 시들면 다음에 또 새로운 꽃이 대를 이어간다. 국가가 영원히 뻗어나가고 자손이 면면히 이어가며 번창함을 상징하는 꽃이다.

셋째, 봄에 뭇 꽃들과 함께 피지 않는다. 묵묵히 때를 기다렸다가 다른 꽃들이

지고 나면 다음에 여름 햇살을 받으며 줄기차게 피는 모습은 우리 민족의 강인함을 뜻한다. 넷째, 무궁화는 꼭두새벽에 피기 때문에 꽃이 피어나는 아름다운 모습을 여간 부지런한 사람이 아니면 볼 수 없다. 지고 피고 나날이 새롭게 피어[日新日新又日新], 항상 새로움을 보여 준다. 그리하여 우리 민족의 진취성을 나타내고 있다.

다섯째, 무궁화는 소박하고 순수하며 중용의 미덕을 갖춘꽃이다. 여섯째, 지는 모습이 깨끗하다. 지기 전에 다시 꽃봉오리처럼 단정하게 도로 오므린 다음, 고운 자대로 송이채 있다가 꼭지까지 빠지면서 소리 없이 떨어진다. 이런 특성 때문에 무궁화는 우리 민족과 불가분의 인연을 맺게 되었다. 무궁화에는 한국 민족의 얼이 깃들어있고, 그 사랑과 자부심이 집약됨으로써 민족의 상징이 되고 있는 것이다.

일본 국화인 사쿠라櫻는 일본인의 정서가 반영된 꽃이다. 일본인이 사쿠라를 좋아하는 정도는 가히 상식을 초월한다. '꽃은 벚꽃, 사람은 무사武士'라는 속담이 통용될 만큼 꽃 중의 꽃으로 사랑하고 가까이한다. 사쿠라의 어원은 꽃이 핀다는 뜻의 사쿠櫻와 화창하다는 뜻의 우라라카麗らか의 합성에서 찾을 수 있다. 사쿠라는 장미과에 속하는 낙엽 교목으로, 중국과 한국 그리고 일본에 널리 퍼져있는 관상용 화목이다. 최근 한국의 제주도 한라산에서 그 원생종의 군락지를 발견해서 널리 보도된 바 있다.

사쿠라는 꽃 이름 그대로 화창하고 흐드러지게 피고 꽃내음 뿌리는 아름다움을 자랑하다가 시원하게 흩어져 지는 꽃이다. 그 아름다운 삶의 자대와 과정을 그들은 그렇게 사랑하는 것이다. 그리하여 사쿠라의 그 난만하게 핀 화려함과 눈처럼 떨어지는 아름다움에 취하다 못해 마침내는 그 질 때의 미련없고 시원스런 모습을 싸움터에서 장렬하게 산화하는 용사와 대비하기가지 한다.

또한 일본인의 성품과 합치되는 점을 공감하기도 한다. 한꺼번에 확 피었다가 순식간에 한꺼번에 져 버리는 이사기요이潔い(미련 없이 절도 있는 모습, 끊고 맺음이 좋은 모습) 사쿠라처럼, 그렇게 미련 없이 상쾌하게 죽음을 택하는 것이 참다운 사무라이侍의

용기요 기개라고 치켜세우는 것이다. 그 미련 없는 상쾌함을 한마디로 이사기요이潔い라고 하며 이것을 일본인의 정신과 통하는 것이라 일컫기도 한다. 사쿠라는 그 낙화落花할 때의 모습 때문에 '지는 모습 향기로운 나라의 꽃'으로 노래하기도 한다.

'꽃은 사쿠라, 사람은 무사'라는 속담이 통용될 만치 벚꽃의 피고 지는 것, 즉 끊고 맺음을 무사武士의 인생관에 결부한 것이다. 그런데 실은 일본의 상징은 소나무였다. 무사도미학武士道美學은 죽는 것이 아니고 소나무와 같이 풍설風雪에 견디고 항상 푸르러 임금에게 충성을 다하는 것이다. 그러나 지금의 벚꽃이 일본의 상징으로 등장하게 된 것은 명치明治 때부터이다.

부국강병으로 근대화를 빨리 이룬 메이지 정부는 이후 전쟁과 더불어 번영해왔다. 결국 '강병은 부국의 기초다'라는 정책은 일단 성공한 셈이다. 그러나 전쟁은 수많은 젊은이들의 죽음이 뒤따라야 했다. 그래서 바짝 피었다가 흩어져 떨어지는, 끊고 맺음이 확실한 벚꽃을 그들의 상징으로 하고 있는지도 모른다. 벚꽃은 군국 일본의 상징이라 하여, 국민의 위에 군림해 젊은이의 죽음을 미화하는 역할을 담당했다고 어떤 일본인들은 말하기도 한다.

일본 국정교과서 소학교(초등) 독본에는 다음과 같은 노래가 실려 있다.

피었네 피었네 벚꽃이 피었네 나가자 나가자 병정(군인) 나가자 히노마루기 만세…….

2차 대전 전선에 나가는 군인들에게 부르게 했던 군가에 "사쿠라처럼 함께 활짝 피었다가 사쿠라처럼 죽자."라는 가사가 있을 정도이다. 또 유명한 군가 중에는 '동기의 사쿠라同期の櫻'라는 노래가 있다. 그 가사를 살펴보면 "너와 나는 동기의 사쿠라 같은 항공대의 정원에 피는 꽃이라면 지는 것도 멋있게 가자."라는 내용으로, 국가를 위해 사쿠라처럼 목숨을 바치도록 병사에게 호소하는 내용이다.

한복과 기모노

나라마다 제각기 풍토와 고유한 문화가 있다. 특히 자기 민족의 기호와 정서에 맞는 자기나라만의 특성과 아름다움을 갖춘 고유의 전통 의상을 나라마다 가지고 있다. 대륙성 기후에 속하는 한국의 한복, 해양성 풍토에서 발달한 일본의 기모노, 그밖에 더운 지방인 인도 · 베트남 등의 옷들은 제각기 독특한 멋과 아름다움을 지니고 있다.

한복은 한민족의 기호와 정서에 맞는 한국 국민들의 독특한 특징과 아름다움을 지닌 옷이라 하겠다.

일본에서도 한국과 같이 일상생활에서는 양복을 입지만, 일본 전통의 옷인 정장 와후쿠和服는 사랑을 받고 있다. 전통 옷인 기모노着物와 와후쿠는 약 120년 전이 메이지明治시대에 일본에 양복이 들어오고 나서부터 입지 않게 되었다. 그래서 기모노는 현재 성인식이나 결혼식, 장례식 등 행사 때만 입고 있다.

기모노 중 여성이 입는 정장 기모노는 아름다움이 외국에도 널리 알려진 옷이다. 그 중에서도 가장 화려한 것은 신부가 결혼식 날 입는 우치카케이다. 주로 빨간 실크천에 금실, 은실로 수를 놓아 만든 흰색의 시로무쿠가 있다. 머리에 쓰는 쓰노가쿠시라는 흰 문자와 어울려서 신부스러움을 한층 돋보이게 한다. 결혼 시 친척들은 주로 금색, 은색으로 수놓은 검정색 기모노에 화려한 오비(허리띠 일종)를 둘러 한껏 멋을 낸다.

미혼 여성과 기혼 여성은 기모노의 모양과 색에서도 차이가 있다. 미혼 여성의 기모노는 후리소데振袖(ふりそで)라고 하여 소매가 발끝까지 올 정도로 길다. 반면에 기혼여성의 기모노는 소매가 손위까지만 온다. 기혼 여성이 후리소데를 입는 경우는 없다. 장례식 때 입는 기모노 역시 검정색이지만 화려하지 않은 금색 은색의 배합이 보이기도 한다.

실내에서 간편하게 입을 수 있는 기모노에는 면綿으로 된 유카타浴衣(ゆかた)가 있다. 특히 여름철 저녁에 목욕 후 입고 바람이 잘 통하는 실내에서 휴식을 취하는 데 최적의 옷이다. 일본 전통의 기모노는 한복에 비해서 혼자 입기가 어렵다. 입는 사람 몸에 맞게 만들어진 양복이나 한복과는 달리 기모노는 크기가 누구한테나 맞을 정도로 넉넉하기 때문에 입는 사람에 맞게 조종해야 한다. 그래서 입기가 힘들다. 기모노 입는 방법을 배운 전문 기술자의 손을 빌리더라도 입으려면 10분 이상 걸린다. 그래서 기모노는 주로 전문 미장원에서 돈을 받고 입혀 준다. 일반 여성이 기모노를 입는 경우는 점점 줄어들고 있다. 최근에 와서는 정월 설날, 결혼식, 장례식, 성인식, 졸업식, 파티 등 특별한 행사 때만 입는다. 값도 비싸고 입는 절차가 복잡하기 때문이다. 그러나 일본식 여관이나 식당, 온천 등에서 직업상 기모노를 입어야 하는 사람들은 기쓰케着付け(기모노 입는 방법)를 몸에 익혀 혼자서도 잘 입는다. 특히 일본의 호텔이나 여관 등에서 잠옷 대용으로 입는 유카타 등은 외국인에게 일본에 대한 독특한 인상을 심어 준다.

기모노 입은 엄마와 아이들이 백인일수놀이를 한다.

한국도 예로부터 내려오는 다양한 종류의 옷이 있다. 그러나 현대에 와서는 전통 옷이 점점 사라지고 있다. 결혼식 또는 회갑연에서 입는 예복과 명절 등 평상시 입는 평상복이 있다. 평상복의 기본을 이루는 것은 여성의 경우 치마·저고리·버선·속적삼·단속옷·바지·배자·갓저리 등이 있고, 남성의 경우는 하의에 해당하는 바지와 상의에 해당하는 저고리, 잠바에 해당하는 마고자麻古子, 외투에 해당하는 두루마기가 있다. 어린이의 경우는 색동저고리가 있다. 색동저고리는 백일잔치, 돌, 명절 때 입는 옷으로 적·청·황색 등의 다채로운 색깔이 드러나서 옷이 한결 밝고 예쁘다.

한국의 전통 의상 중에서도 대표적인 것이 여성의 한복 치마저고리이다. 여성 한복은 한국인의 학이 되어 하늘을 날고자 하는 꿈이 고스란히 깃들어 있어 우아하고 화려하다. 소매 부분은 둥그스름하게 되어 있어 학의 날개처럼 보이며, 치마는 바람에 하늘거리는 학처럼 우아하게 춤추는 듯하고 있다. 명절날에 여성들이 즐겨 하는 널뛰기, 그네놀이 등은 모두 한 마리의 우아한 학이 하늘로 솟아오르는 장면을 연상시킨다. 버선, 고무신의 코도 모두 하늘을 우러러 보듯이 위로 향하고 있다.

한국의 구성적 특징은 옷감을 직선으로 마름질하여 이것을 인체에 맞추어 곡선으로 바느질하는 데 있다. 이는 몸의 곡선을 따라 마름질하여 몸매에 꼭 맞도록 옷을 짓는 양복과는 크게 대조되는 것이다. 다시 말하면, 한복은 평면적인 옷감을 직선으로 마름질하되 이것을 다시 입체적인 몸매에 맞도록 남은 부분을 주름잡거나 끈으로 고정시켜, 온화하면서도 여유 있는 아름다움을 살린 옷이다. 이렇게 만든 한국의 옷은 평면 구성이 주는 곡선의 기교가 의복 표면에 나타나기보다는 몸의 움직임이나 입은 방법에 따라 자연스럽게 변화되므로 풍성한 아름다움을 마음의 움직임이나 입은 방법에 따라 자연스럽게 변화되므로 풍성한 아름다움을 마음껏 표현할 수 있다. 단아함과 율동이 조화된 선線, 획내상의 단조로움을 다양한 배색으로 변화를 주면 얼마든지 개성미를 연출할 수 있다.

이렇게 개성미 있고, 아름다운 전통 옷이 점점 사라져가고 있다. 한복 입는 것을 권장하기 위하여 문화체육부가 한복 입는 해를 정하기도 했다. 또 한복을 입고 고궁에 입장하는 사람들에게는 입장료를 면제하기도 했다. 최근에는 현대생활에 적합하도록, 간편하게 개량된 한복이 나오고 있다. 그러나 한복 고유의 우아하고 화려한 맛에는 비교할 수 없을 것 같다. 색상과 모양이 조잡스러운 것들도 많다. 한복식, 깃만 달면 '생활한복'이 되지는 않는다. 튀고 칙칙한 색상의 국정불명의 투박한 한복들이 시장 곳곳을 메우고 있다.

온돌방과 다다미

난방방식煖房方式은 풍토나 기후의 특성에 따라 나라마다 지역마다 제각기 달리 발달해 왔다. 북방에 위치하여 추운 겨울을 맞이하는 한국에서는 부엌의 고래 한족에 만든 아궁이에 불을 지펴 구들장을 뜨겁게 하여 바닥을 데우는 온돌방식으로 겨울을 난다. 아주 추운 만주지방에서는 벽의 일부만을 덥게 하는, 일종의 벽난로였던 캉을 사용하였다.

대체로 기후가 온화하고 습기가 많은 일본에서는 다다미畳를 깐 방 가운데에 화덕을 두어 겨울나기를 하였다. 서양의 침대 문화가 들어오고 보일러와 전기를 이용한 개량된 난방기구가 많이 보급되고 있지만, 아직도 한국의 시골 안방에서는 땔감을 사용해 구들장을 뜨겁게 하여 바닥을 데우는 온돌 방식을 몇 천 년을 이어오고 있다.

구들(온돌)방이란 넓적한 구들을 뜨거운 연기가 통하는 통로 위의 바닥에 갈고, 다시 그 위에 산에서 퍼 온 황토를 물에 반죽해서 바른 방바닥 방식을 말한다. 아침 일찍 아궁이에 불을 지피면, 안방에 따뜻한 온기를 감돌게 하는데, 아궁이에서 가장 가까운 구들이 깔려 있는 곳이 바로 아랫목이다. 이 아랫목에 이불을 깔아 놓으면, 하루 종일 따뜻하다.

지금도 농촌의 나이가 지긋한 할아버지와 할머니들은 아랫목에 몸을 지져야 몸이 개운해진다고 한다. 특히 하루 종일 밖에 나가 일을 하고 온 농부들은 그 뜨거운 온돌방에 허리를 지져야 시원하고, 하루의 피로를 풀어, 다음날 일터로 나가는 것이다. 이러한 한국의 구들은 바닥만 데우는 평면 난방이기 때문에, 사람들의 행동 방식도 입식立式보다는 좌식座式으로 이어졌던 것이다. 그래서 앉아 지내는 좌식생활 방식과 함께 나이 많은 어른은 아랫목에 앉고 젊은 사람들은 윗목에 앉는, 위아래를 중시하는 서열 문화序列文化를 정착시켰다.

구들 문화를 기록한 최초의 문헌은 10세기 초 중국에서 편찬된『구당서舊唐書』이며 이에 의하면 한국의 구들 문화는 고구려시대부터이다. 도시의 아파트나 개인 주택에서는 전통 구들을 쓰지 않고, 파이프를 통해서 온수를 순환시켜 바닥을 덥히는 온돌방식을 쓴다. 온수를 덥히는 연료로는 가스, 기름이나 연탄 등을 많이 쓴다.

그러나 최근에는 시멘트를 바른 방바닥이 자연의 기氣를 차단하고 땅에서 솟아 오는 자기력磁氣力을 차단하여 몸에 좋지 않다 하여 자연의 황토를 이용한 황토방을 선호하는 사람들도 늘어가고 있다. 난방도구로서 한국의 온돌이 좋은 점으로는 방바닥 쪽이 따스하기 때문에 머리가 차갑고 발은 따뜻하여, 혈액 순환이 원활하게 된다는 점이다. 그리고 무엇보다도 실내에서는 재나 먼지가 전혀 나오지 않아 매우 위생적이라는 점을 꼽을 수 있다. 침대나 소파 등을 이용한 입식 생활하는 곳에서는 먼지, 진드기 등에 감염돼 알레르기 질환을 일으킨다는 의학계의 보고가 있었다. 이 점 또한 입식 온돌방의 장점이라 아니 할 수 없다.

이웃 일본의 다다미 문화를 살펴보자. 다다미가 서민 사이에 보급된 것은 에도江

戸시대 중엽에 화재를 막기 위한 기와가 발달하고 나서부터이다. 사는 데에 비가 새지 않게 되어 바닥에 다다미를 깔 수 있게 되었다. 다다미 한 장의 크기는 석 자, 여섯 자(약 90cm, 180cm)정도로, 한 사람이 살아가는 최소한의 공간인 것이다. 다다미 한 장을 나타내는 단위는 이치조―しょう로, 다다미 몇 조하면 어느 정도 넓이인가를 금방 상상하게 된다. 다마미의 크기는 원래는 지역마다 달랐다. 교토京都난 오사카大阪 지방의 교마京間와 도쿄東京 지방에서 총칭하는 이나카마田間는 크기에서 차이가 있었다. 그러나 요즈음에 와서는 옛날의 단위가 무너지고 가로 180cm, 세로 90cm의 크기로 통일되어 가는 경향이 있다.

일본의 주거생활에서 다다미는 독특한 문화를 낳았다. 그리고 이 다다미 문화는 오늘가지 이어져 오고 있다. 일본에서는 원래 모두가 똑같은 평면에 앉기 때문에 일어설 필요가 없다. 일본 문화에서는 앉아 있다는 것 자체가 이미 예를 지킨 것이다.

다다미는 짚으로 만든 밑방석에서 골풀 또는 등심초로 만든 돗자리를 붙인 것이다. 다다미 판은 종횡으로 겹쳐 압축하고 삼실麻絲로 꿰매어 만든다. 촘촘할수록 고급이고 무게는 20~30kg, 두께는 50cm내외로 무겁고 두터울수록, 그것을 헤리縁(へり)라고 한다. 옛날에는 신분의 높고 낮음에 따라서 거기에 쓰이는 비단도 등급을 두었다고 한다.

흥미를 끄는 일은 다다미 둘레의 고급 장식으로 쓰이는 비단 중에 '고라이라'는 한국과의 인연을 연상케 하는 헤리가 있다는 사실이다. 비단 천으로 된 장식으로서 주로 왕족이나 대신 등 일반 귀족보다 높은 지위에 있는 귀인들의 다다미 가장자리에 쓰이고 있었으며, 지금도 고급으로 친다.

다다미는 원래 서민에게는 그 사용이 금지되었다고 한다. 하지만 돈이 있는 서민들은 다다미를 구입해서 방 한쪽에 쌓아두었다가 명절이나 집안 잔치가 있을 때만 이것을 깔고 손님들을 대접했다고 한다.

다다미를 방안에 까는 방법에는 T자형과 +자형의 두 가지가 있다. +자형은 가로 세로가 서로 엇바뀌게 까는 방법으로 대부분의 가정에서 일반화되어 있음을 볼 수가 있다. T자형은 모서리 맞춤이 열십자(+형태)가 되도록 정돈해 까는 방법인데, 아직까지도 사찰이나 유도장에만 까는 것으로 고정화되어 있다. 열십자 위에서 누워 자면 안 된다는 민간 신앙 때문이다. 실제로 가정에서는 거의 십자형은 기피하고 있는 것 같다.

또한 앉을 때에는 다다미 가장자리를 둘러치고 있는 비단 천 위에 앉지 않도록 한다. 다다미 한복판에 얌전하게 무릎을 꿇고 앉아 두 손 모은 자세가 전형적인 일본식 거실 예법의 하나인 것이다. 최근에는 일본의 다다미 문화에도 변화가 오고 있다. 다다미 사이에 먼지, 진드기 등의 문제로 다다미를 점점 기피하는 경향이 늘어가고 있다고 한다.

양국의 성명과 호칭

일본인의 성명은 한자 읽기의 어려운 것과 함께 외국인에게 너무나 난해하다. 특히 규칙이나 어떤 형식 없이 그 집안의 가문에 따라 독특한 이름을 취하는 경우가 많다. 그래서 일본인들과의 만남에서는 많은 한국인들은 일본인의 명함을 받고 이름의 발음은 물론 이름을 외우기가 매우 어렵다는 것을 느꼈을 것이다. 왜냐하면 모음으로 끝나는 개음절開音節이 이어져 대개 이름이 길게 느껴질 뿐 아니라 읽기도 매우 어렵고, 성씨가 너무 많기 때문이다. 나는 명함을 받고 이해가 어려운 경우는 실례를 무릅쓰고 한자의 이름 밑에 가타가나片名로 토를 달아달라고 부탁하는 경우도 있다.

일본은 3~4세기경 야마토시대大和 때 우지카바네氏姓 제도라 하는 성을 단위로 한 정치조직이 있어서 성이 있으면 곧 권력층이었다. 에도江戶 시대에는 상上에 속하는 무사 이외에는 성을 갖지 못하여 농공상農工商에 속하는 서민은 성이 없었고 단지 이름만 가지고 있었다. 일반 서민이 성을 가지게 된 것은 도쿠가와德川 막부가 망한 3년 후인 1875년으로 모든 국민은 성을 가질 수 있다는 정부의 조치로 너도나도 성을 갖기에 바빴다고 한다. 그래서 숲속에 살고 있는 사람 하야시林, 밭 가운데 사는 사람은 타나까田中, 소나무 밑에 사는 사람은 마츠시타松下 등으로 성을 급조하였다. 일본 사람의 성은 제 각각이며 읽는 법조차 어떤 기준이 없다. 그래서 읽기에도 어렵고 애매한 경우가 있다.

그동안 내가 일본인들로부터 받은 명함을 정리해보니 3백장이 넘을 정도였다. 그런데 그 많은 성씨가 전부 제각기 다르고 같은 성씨는 이찌무라市村 씨 한 가지 성뿐이었다.

일본의 성은 11만이 넘을 정도로 많다. 1976년 아사히 생명보험이 자사의 보험 가입자를 대상으로 성을 조사한 결과 11만 4천여 개로 나타났다.

그러나 실제로는 같은 한자를 쓰면서도 읽는 방법에 차이가 있어 그것을 포함하면 그 배가 될 것이라고 한다. 대표적인 성으로는 스즈키鈴木, 이토伊藤, 사토佐藤, 다카히시高橋, 다나카田中, 와다내베渡 등을 들 수 있다.

일본인의 이름에는 한자로 대부분 4자가 많은데, 예를 들어 장남인 경우 다로우太郎, 차남인 경우 지로二郎·次郎, 삼남인 경우 사부로우三郎 등으로 부르기 때문에 이름을 들어보면 형제관계를 알 수 있다.

여성들은 철저한 남존여비 사상으로 최근까지도 결혼과 동시에 본인의 성씨를 잃고 남편의 성을 따라왔으나 결혼 후에도 이전의 성을 쓰는 여성들이 증가하고 있으며 여성들의 사회활동이 증가하고 사회적 지위가 향상되면서 서로 성을 통일할 것인지 아니면 따로 쓸 것인지 움직임이 활발하다. 또한 사회의 흐름에 따라 또 국제화의 영향을 받아 외국어의 이름을 딴 이름도 쓰이고 있다. 이와 같이 일본인들의 성은 그 수효가 많고 다양해서 일본인 자신들도 모르는 경우가 많다고 한다.

한국의 성은 300개 정도로 대표적인 성으로는 김씨, 이씨, 박씨의 3개 성이 대성을 이루고 있다. 그래서 서울 남산에서 돌을 던지면 김씨 아니면 이씨, 이씨 아니면 박씨가 맞는다는 우스갯소리도 있다. 현재 한국의 성씨는 김씨가 전체 인구의 26.6%(992만 6천 명)으로 가장 많고, 이씨 14.8%(679만 5천 명), 박씨 8.5%(389만 5천 명) (2000년 통계청 조사)의 순이다.

한국도 최근에는 국제화에 따른 외국인의 귀화에 따라 다양한 성이 늘어가고 있다. 한국의 성씨 중 외국인이 귀화하면서 새로 생긴 귀화의 성은 2000년 현재 442개로 토착성 286개의 1.5배에 해당된다고 조사된 바 있다.

귀화성 1위 필리핀계 145개, 2위 일본계 139개(한글성 112, 한자성 27), 3위 중국 83개, 베트남, 태국 등 순으로 조사되었다. 이러한 다양한 성의 변화로 국제화를 실감할 수 있다.

호칭 사용에서도 일본인들은 우리와 크게 다른 점이 있다. 그 중 하나는 친척간의 호칭이다. 한국의 삼촌·숙모·고모·이모·외삼촌 등에 해당하는 것을 일본은 구별 없이 남성에게는 오지상, 여성에게는 오바상으로 통일하여 호칭한다. 그리고 형제 호칭의 경우도 우리네와 같이 형님·오빠 구별 없이 오니상이라고 부르고, 누나·언니는 오네상으로 통일하여 부른다. 연하의 형제인 경우는 이름을 부른다.

그리고 일본에서는 서로 만남에서 명함을 교환하는 것을 매우 중요시하고 있다. 그래서 명함을 건네고 받기, 보관하기에 대한 예절이 있다. 명함을 찢거나 구기고 낙서하는 것은 생각할 수 없는 일이다. 일본인들과의 만남에서 일본인들의 성명과 호칭문화 등 생활 습관을 바르게 이해하는 것이 중요하다고 생각된다.

어린이날과 고이노보리

5월은 신록의 계절, 또는 여왕의 계절이라고 부르고 있다. 한국과 일본은 봄, 여름, 가을, 겨울의 4계절이 분명하여 4계절의 아름다움을 만끽할 수 있다.

한국의 5월은 행사가 가장 많은 달이다. 근로의 날, 어린이날, 어버이날, 석가탄신일, 스승의 날, 가정의 달, 발명의 달, 문화의 달로 한 달 내내 각종 행사가 계속된다. 정말 활기 넘치는 희망의 달이다.

이웃 일본에서는 5월에는 어린이날이 있고, 어머니의 날, '돈다꾸'라는 서구식의 축제가 있다. 돈다꾸는 네덜란드의 'Zonday', 즉 휴일의 의미로서 신들의 모습을 한 가장행렬이 시내를 돌거나 각종 예능대회가 개최되는 서구식 축제이다.

일본에는 한국과 달리 남자 어린이날과 여자 어린이날이 따로 있다. 3월 3일은 여자 어린이들의 건강과 성장을 비는 축일로, 히나마쓰리ひな祭り라고 부른다. 5월 5일은 남자 어린이의 성장을 기원하는 축일로, 푸른 신록을 배경으로 높은 곳에 고이노보리鯉のぼり(장대를 세우고 천이나 종이로 잉어 모양을 만들어 달아놓는다)를 달아놓은 정경은 5월의 일본 하늘을 장식하는 하나의 풍물이 되었다. 잉어 모양의 장식을

하여 높이 펄럭이게 함으로써 사내아이의 힘과 기상을 축원하는 것이다.

고이노보리는 '잉어가 급류를 올라가서 용이 된다'는 등용문의 전설을 나타내고 있다. 고이노보리에는 등용문登龍門 전설처럼 건강하고 힘 있고, 또 큰 인물이 되라는 부모의 소망이 담겨 있다. 이 등용문 전설은 중국에서 유래된 것으로 '잉어가 황하 강을 거슬러 올라 상류에 있는 용문만 통과하면 용이 된다'는 전설에 그 뿌리를 두고 있다.

이러한 풍속은 세월의 흐름에 따라 점점 사라져가고 있지만 군마현가네죠郡馬縣神流町라는 산촌계곡에서는 매년 5월의 초여름에 대대적인 고이노보리 마츠리의 아름다운 계절의 바람을 타고 힘차게 날고 있는 풍경을 보기 위해서 황금주간에는 전국에서 5만여 인파가 모여든다고 한다.

한편 한국에서는 5월 5일은 어린이의 지위를 향상하고 어린이의 건강과 성장을 기원하는 날이다. 부모들은 자녀들을 데리고 공연장, 유원지 등을 찾아 자녀들과 함께 하루를 보내고 있다. 학교 수업이 끝나고 귀가하기 무섭게 영어 학원, 미술학원, 피아노 학원 등 몇 군데씩 뛰다시피 눈코 뜰 새 없이 시달리는 어린이들이 모처럼 해방이 되어 아빠, 엄마와 함께 나들이 간다는 것이 얼마나 신나는 일인가. 공연장으로 유원지로 음식점으로 가는 곳마다 인파로 인산인해다. 어린이들에게는 매우 유익한 하루임에는 틀림없다.

그런데 이러한 행사와 관심은 1회성에 지나지 않는다. 어린이의 생활 범위도 학교, 학원을 벗어나지 못하고 그나마 틈이 나면 컴퓨터, TV에 매달려 있다. 선진국에서는 여러 가지 체험을 시키고 TV시청 시간을 제한시켜 그 대신 친구들과 노는 시간을 갖게 하고 독서 등을 권장하고 있다.

어린이날을 조용히 생각해보자. 어떻게 하는 것이 어린이를 발랄하고 건강하게 기르는 것인지를. 요즈음 젊은 부모들이 귀엽다고 지나치게 과잉보호하여 어린이들을 나약하게 만든다고 우려를 하고 있다.

이웃 일본도 비슷한 모양이다. 일본의 중·고교 현장에서 오랫동안 교육에 힘을 기울여 온 독일인 호스신부가 『일본의 아버지에게日本の父』라는 글을 통해 고언苦言한 것이 기억난다. 그는 「현대의 아버지들에게」라는 글에서 이렇게 말한다.

> 멀지만 걷게 하라. 비가 오더라도 마중가지 말라. 높은 산에 오르게 하라. 전철에서는 서서 가게 하라. 아침에 깨우지 마라. 어린이의 방 정리를 거들지 마라. 일을 시키고 없으면 찾게 하라. 심부름을 시켜라.

한마디로 요약한다면 '응석받이로 만들지 마라'는 교훈일 것이다. 5월 5일 어린이날을 맞아 한국의 젊은 부모들에게 되새겨 볼만한 글귀라 생각된다.

나팔꽃과 아사가오朝顔

현대의 가옥구조가 개인주택에서 아파트로 변하면서 어렸을 때 집 정원에서 보던 꽃들을 볼 수가 없게 되었다.

시골 고향의 마당 한구석에 핀 봉선화, 맨드라미, 울타리를 타고 올라가 나팔꽃 등은 자취를 감추고 이름 모를 서양 꽃들이 차지한 지 오래다. 나는 나이를 들면서 어린 시절 시골에서 자라면서 보아왔던 꽃들이 생각나서 몇 년 전부터 아파트 베란다 한 편에 봉선화, 채송화, 맨드라미, 나팔꽃 등 여름 꽃을 화분에 심어 기르고 있다. 이런 꽃들을 보고 있노라면 어릴 때의 추억들이 떠오른다. 나팔꽃은 큰 화분에 심어 줄을 길게 매여 줄기가 타고 올라가도록 하여 정성껏 기르고 있다.

나팔꽃은 1년생의 넝쿨식물로 옛날에는 고사화 · 선화 · 구이초 · 견우화 등으로 불렸다. 원산지는 열대아시아로 파종기는 4~5월로 꽃이 피고 지는 기간이 길다. 7월부터 8~9월까지 계속된다. 핀 꽃이 저녁에 오므라들고 지면은 다음날 아침 새 봉우리에서 활짝 핀다. 꽃의 종류도 다양하다. 자료에 의하면 150여 종이나 된다. 줄기는 시계의 반대방향으로 감아 올라간다. 내가 기르는 나팔꽃은 진분홍 꽃과 보라색으로 접시만큼이나 큰 꽃으로 10월에 씨를 받아 놓았다가 다음해 여름에 다시 심는다. 정성 들여 기른 나팔꽃이 어느 날 아침 활짝 핀 모습을 본 순간 그렇게 반가울 수가 없다.

실제로 몸소 꽃을 가꾸고 길러 본 경험을 하지 않고는 이런 기쁨을 만끽할 수 없다. 한국의 동요에는 다음과 같은 노래가 있지 않은가.

햇빛에 반짝이는 이른 아침에 나팔꽃 아가씨 나팔 부르면 잠꾸러기 우리 아기 일어나라고 아기 방에 또또따따 나팔 부르면…….

이와 같이 작은 식물도 물을 주면서 정성껏 기르면 사람에게 예쁜 꽃을 피워 보답한다.

이웃 일본에서는 나팔꽃을 아침 일찍 예쁘게 핀다는 의미로 아사가오朝顔(아침얼굴)라는 이름을 쓰고 있는 것 같다. 도쿄에서는 명치明治 시대부터 유명한 이리야入谷의 아사가오시朝顔市가 7월 초순경에 열리고 있다. 몇몇 현縣에서 화분에 정성껏 재배한 나팔꽃 전시를 하고 있다. 나팔꽃 품평회는 에도江戶 말기에 가장 성대했으며 그동안 중단되었다가 관광연맹과 지역유지들에 의해서 다시 계속되게 되었다고 한다.

1백 20여 노점 등 도내에서 재배한 12만주나 되는 다양한 색상의 나팔꽃이 전시되고 있어 꽃을 보기 위해 아침 일찍 출근길의 직장인 주부 등 50만여 명이 찾는다고 하니 가히 행사의 규모를 짐작할 수 있다. 전해오는 말에 의하면 일본에 처음 나팔꽃이 전해진 것은 당나라에서 백제를 거쳐 전해졌다는 설이 있지만 처음에는 꽃보다는 귀중한 약용으로 이뇨제利尿劑라고 해서 약초로 길렀다고 한다.

어쨌든 일본인들은 이른 아침에 활짝 피었다가 잠시 뒤에 시드는 꽃의 단명함에서 허무함과 무상함을 느껴 마음에 끌렸는지 모른다. 그래서 예부터 하이구俳句(はいく : 일본 고유의 짧은 형식의 시)의 소재로 해서 시를 짓고 읊어왔으며 나팔꽃의 아름다움을 무늬의 디자인의 소재로 나타내는 것을 보면 일본인들의 섬세함과 아름다움을 좋아하는 민족이라는 것을 엿볼 수 있다.

일본의 편지 문화

요즈음은 통신수단의 발달로 인터넷, 이메일이나 휴대폰 문자메시지 등 현대식 통신 수단의 등장으로 손수 손으로 쓰던 편지 문화가 사라지고 있다. 어떤 학교에서는 편지 써 보내기 교육을 한다는 뉴스도 있었다.

옛것을 아끼고 존중하는 일본에서는 지금도 편지쓰기가 생활 속에 잘 녹아있다. 마음속에서 우러나오는 진심이 담긴 편지글은 서로의 마음을 연결한다. 인간적인 마음이 통할 수 있으며 받는 사람의 마음을 기쁘게 한다. 사람들은 편지를 쓸 때는 보통 때보다 더 진지한 마음가짐으로 펜을 들고 상대를 생각한다. 마음속의 생각을 표현하기 때문에 어휘와 문장, 표현력이 늘어난다. 마음이 착해지고 인간관계가 진실하고 풍부해지는 것이다.

도쿄의 서점가를 들러보면 『모범 서간문』을 비롯해 『서간문 백과』, 『바로 활용할 수 있는 편지』, 『마음에서 우러난 편지』 등 편지쓰기와 관련된 출판물이 여러 종류 출간되고 있음을 알 수 있다. 서기에는 서간문의 기본적인 형식과 편지 쓰는 방법, 12개월의 계절, 인사에서부터 감사 편지의 편지 예문 등이 자세히 나타나 있다.

일본에서는 7~8월에 여름 문안 인사(쇼쮸오미마이暑中お見舞い-しょちゅうおみまい)엽서를 보내는 습관이 있다. 이때에는 전국의 우체국에서 갈매기 우편カモメール이라는 복권이 붙은 여름 문안 인사용 엽서를 판매한다. 이 복권은 여름이 끝날 무렵에 추첨하여 여러 가지 상품을 준다. 이 밖에도 연하장과 더불어 봄에 판매하는 벚꽃 우편サクラメール도 같은 방식으로 경품을 추첨한다.

연말이 되면 한국이나 일본 모두 그 해에 신세진 분들에게 감사하는 마음으로 선물을 보낸다든지 새해의 연하장을 보내느라 분주하고 들뜬 분위기이다. 일본의 선물 문화는 우리네와는 차이가 있다. 우리의 추석에 해당하는 오츄겐中元과 연말 때 선물을 많이들 하게 되는데 우리처럼 값비싼 갈비짝이나 값비싼 선물을 하지 않는다. 상대방에게 부담을 주지 않기 위한 배려에서이다.

한국에서의 연하장 보내기는 점점 사라져 가는데 2001년 새해 일본 전국에서 배달된 여하장이 26억 4500만 통이었다. 일본 국민 한 사람당 21통씩을 받은 셈이 된다.

연하장 습관도 한국과는 다르다. 대부분의 일본인들은 우체국에서 파는 관제엽서를 구입한다. 값이 쌀 뿐만 아니라 뒷장 밑에 복권의 일련번호가 있기 때문이다. 1월 중순경에 추첨하여 당첨번호가 발표된다. 다행히 당첨되면 새해에 목돈을 받게 되어 보낸 분에게 감사하는 마음을 갖게 될 것이다. 일본 연하장의 디자인은 주로 일본의 상징인 후지산, 벚꽃, 평화를 상징하는 학(종이로 접은 학), 민속적인 춤 가부키 그림 등을 소재로 한다. 크리스마스 카드는 많지 않다. 기독교 신자가 적기 때문으로 생각된다. 특이한 것은 연하장의 배달 방식이다. 우리와는 달리 우체통에 넣게 되면 수취인의 관할 우체국에서 12월 말일까지 보관하고 있다가 1월 1일 새해 아침에 일제히 배달한다.

우리나라에서도 과거에는 편지쓰기가 교육의 한 분야이기도 하였다. 초등학교 때부터 군부대에 위문 편지쓰기, 어버이날 부모님께 편지쓰기, 방학 중 친구나 선생님께 편지보내기 등을 통해서 상대방에게 글로 자기의 의사를 표현하는 방법을 익혔다 그리고 가정마다 좋은 편지를 쓰는 법을 소개하는 서간문에 관한 책 한권씩 꽂혀 있었다. 오랫동안 소식이 없던 친구나 친지로부터 연하장이나 편지를 받게 되면 그 연하장이나 편지를 보낸 이의 얼굴을 떠 올리면서 읽는다는 것은 참으로 즐겁고 기쁜 일이 아닐 수 없다.

나는 수십 년 일본의 방송인 · 교수 등과 교류를 하면서 이루 헤아릴 수 없이 많은 연하장과 정성이 담긴 편지글을 받았다. 역시 직접 손으로 쓴 정성이 담긴 편지글은 느낌이 사뭇 다르다. 보내준 이를 지접 대히듯 그렇게 반가울 수가 없다.

가까운 친구나 선생님, 어른께 따뜻한 성성이 담긴 편지를 써 보내는 마음의 여유가 되살아났으면 좋겠다는 생각을 해본다.

일본 문자와 한글

일본의 고유문자 가나仮名는 히라가나平名(ひらがな)와 가다카나片假名(かた-かな)가 있다. 그러나 일본어는 한자가 주인공이고 가나는 조연 역할을 한다. 가나는 한자의 획에서 빌어 왔을 뿐 실은 야마토 고도바大和言葉라고 하는 일본 고유의 언어를 소리 나는 대로 표기하는데 사용하기 위하여 만들어진 것이다.

일본은 한국과 마찬가지로 한자를 빌려 쓴 한자 사용국이었으나 한국은 독자적인 한글을 만들어 모국어로 사용한 반면 일본은 한자를 그대로 수용, 한자의 형태를 변형시켜 자국의 문자로 사용하였다. 이 문자는 명치유신 1868년 약 20년 후인 1888년쯤 완성되었으며 한자를 전해 받은 지식인, 특히 승려들이 불경 공부를 하기 위해서 사용했던 속기법으로 히라가나는 한자를 풀어 쓴 글자이며 가다카나는 한자의 한 획을 따서 쓴 글자이다. 그 예로,

히라가나의 경우　加 → か, 世 → せ, 計 → け

가다카나의 경우　加 → カ, 伊 → イ, 宇 → ウ

알려진 바와 같이 한자가 일본에 전해진 것은 6세기경 백제에 의해서였으며, 한자는 참문자 마나眞名라고 하여 귀족이나 지식인(승려)이 사용한 공식적인 문자로 사용하였다. 일본의 문자인 가나는 임시의 문자로 비지식인 여자들에 의해서 사용되다가 일본의 공식인 문자가 되었다.

일본 책을 읽다보면 지나치게 많은 한자와 그 쓰임이 복잡함을 느끼게 된다. 우선 일본의 한자는 음독音讀과 훈독訓讀 두 음으로 읽을 뿐 아니라 같은 발음인데도 그 뜻이 다르기 때문에 한문을 쓰지 않고는 그 의미를 이해하기 어렵다.

음독音讀(음으로 읽기) 두자 이상으로 된 단어로 신문新聞(しんぶん), 행복幸福(こうふく)과 훈독訓讀(뜻으로 읽기) 見(みる), 新(あたらしい)와 같은 발음이라도 그 뜻이 다른 경우가 상당히 많다. あら ず하면 現, 表(드러내다, 나타내다) 등으로 한자를 쓰지 않고는 이해하기 어렵다.

이밖에도 한자만 가지고는 무슨 뜻인지 모를 단어도 많다. 八百居(야채상점), 東居(정자) 등이 그 예이다. 어쨌든 일본은 한자를 많이 쓰고 있는 나라다. 일본어 대사전에 의하면 10만 단어 가운데에 45%가 한자라고 하니 얼마나 많은 한자를 쓰고 있는 나라인가를 알 수 있다.

일본에서 또 하나의 난이도가 높은 문자가 있다. 지나치게 많은 외래어와 새로 만들어 쓰는 신조어가 계속 쏟아져 나오고 있다. 그래서 일본인 중에는 일본의 남용에 대해서 일본어를 흐트러지게 하고 일본인들의 표현을 빈약하게 하는 것이 아닌가 하고 비판의 소리도 나오고 있다.

한국의 경우 불가피하게 외래어를 쓸 경우 먼저 한글로 원음에 가깝게 표기하고 ( )속에 영문자를 써 넣는다

예를 들어 퍼스널 컴퓨터personal computer라고 쓰는 반면 일본에서는 가타카나로 파스콘パソコン, 애니메이션animation을 애니메アニメ 등 약조어를 세로로 쓰고 있다.

우리 문자인 한글은 세종대왕 25년(1443) 음력 12월에 만들어 28년(1446) 10월 9일에 훈민정음訓民正音이란 이름으로 발표하였다. 처음에는 28자였으나 지금 쓰이는 것은 24자이다(10월 9일을 한글기념일로 정함).

한글은 모음母音 ㅏ, ㅑ, ㅓ, ㅕ, ㅗ, ㅛ, ㅜ, ㅠ, ㅡ, ㅣ 10자와 자음子音 ㄱ, ㄴ, ㄷ, ㄹ, ㅁ, ㅂ, ㅅ, ㅇ, ㅈ, ㅊ, ㅋ, ㅍ, ㅎ 14자로 자음과 모음을 조합하면 세계의 어느 나라 말도 원음에 가깝게 표현할 수 있다.

소설 『대지』의 작가 펄벅(1892~1973) 여사는 한글은 세계에서 가장 훌륭하고 가장 단순한 글자로 24개의 부호가 조합될 때 그것은 인간의 목청에서 나오는 어떤 소리도 놀라울 정도로 정확하게 표현할 수 있다고 극찬했다.

이와 같은 한글의 과학적이고 간결한 체계 덕분에 한국의 문맹률은 1%에도 못 미친다. 어쨌든 일본 책을 읽으면서 어려운 일본의 문자와 한글의 차이점을 예를 든 것뿐이다.

일본의 언어문화

일본어는 우리에게 있어서 비교적 배우기 쉬운 외국어라고 말한다. 이는 지리적, 역사적인 이유와 함께 어순이 같고 한자 문화권이기 때문에 나온 이야기일 것이다.

그러나 일본어야말로 배우면 배울수록 어려워지는 것이 일본어다. 일본어의 특색으로는 표현법의 애매함曖昧(あいまい)과 경어 사용법, 그리고 한자 사용(한자를 읽는 방법)이 매우 어렵게 느껴지는 점이며 책을 읽다보면 많은 외래어의 사용이라 하겠다. 일본어의 애매함은 직설법을 피하고 애매하게 돌려서 말하는 것은 상대방과의 충돌을 피하려는 문화에서 왔다고 볼 수 있겠다.

일본의 경어에는 듣는 사람을 위한 정중어로서 대개 ます, です형이고, 존경어로서 いらっしゃる, くださる가 있고, 겸양어로서 いたす,まいる 등이 있다. 우리의 경어와 다른 점은 항상 듣는 사람을 위주로 생각하여 자신의 회장사나 상사라도 상대방에 낮추어서 말한다는 점이다. 일본어의 성격은 타자에 대한 세심한 배려, 신경을 쓰는 심리적 경향을 가지고 있다고 볼 수 있다.

한국은 상대방을 높여주는 예의범절을 가지고 있는 문화이기 때문에 경어만을 잘 쓰면 된다. 일본도 경어를 사용해야 되지만 경어보다 겸양어를 잘 사용하지 않으면 안 된다. 일본의 문화는 나를 낮추는 것을 통해서 상대방을 상대적으로 올려주는 문화이기 때문이다. 한국에서는 자기편을 상대방에게 얘기할 때 '저희 아버님, 어머님' 또는 '저희 회장님', '저희 사장님' 등으로 표현하지만 일본의 경우는 상대방에게 얘기할 때 오히려 자기편은 낮춰서 아버지를 치치父, 어머니는 하하母, 회장은 가이죠會長, 사장은 샤조社長로 부르지 않으면 예의에 벗어나는 것이다. 그래서 절대로 '님'자를 붙이지 않는다.

일본어는 상대와 나의 관계를 나타내주는 경어법이 극도로 발달되어 있어서 경어를 제대로 쓰지 못하면 일본어를 제대로 구사한다고 인정받지 못한다. 그리고 일본어에는 우리말처럼 심한 욕이 없다. 기껏해야 바보자식 바카야로馬鹿夜郎(말과 사슴도 구별 못하는 놈)나, 지쿠쇼畜生(짐승 같은 놈), 야로やろ(놈, 자식) 등이 있다.

일상적으로 일본인들이 가장 많이 사용하는 언어에는 '스미마센濟みません(미안합니다)', '아리가도 고자이마쓰有りがとうございます(고맙습니다)', '모시와께 아리마셍申おりません(여쭐 말씀이 없습니다)' 등이 있다. 이는 자기를 낮추고 상대방을 기분 좋게 하며, 자신의 행동을 겸손히 일컫는 말로서, 일본인들의 특수한 표현이라 할 수 있다. '스미마센'이란 용어는 미안하다는 뜻 외에 알지 못하는 사람을 부를 때의 호칭으로 예를 들어서 상점에 가서 점원을 부를 때, 길거리에서 길을 물을 때 사용하는 것으로, 한국말로 '여보세요'정도의 뜻으로도 사용빈도가 높은 언어라고 할 수 있다.

일본인들과의 사귀고 만남에서 이러한 언어문화와 생활 습관들을 이해하는 것은 중요하리라 생각된다.

3부

오늘의 일본사회

일본 사회를 보면서
일본의 언론
한자문화권의 한국과 일본
일본의 안전과 질서의식
한국인과 일본인의 다른 점
일본 대중문화 개방과 한류
히로시마廣島의 한인 위령비 유감
일본의 인사성과 스미마센 문화

일본 사회를 보면서

일본은 2008년 말 기준 국내 총생산(GDP) 세계 2위의 경제 대국이다. 경제뿐만 아니라 문화, 과학, 정치, 외교적으로 강국이다. 노벨상도 물이학이나 문학부문 등에서 열다섯 명이나 된다. 2002년에는 노벨화학상과 문리학상을 동시에 차지, 일본 최초로 두 분야에서 노벨상을 받는 기록을 세웠다.

그런데 일본은 '잃어버린 10년'이라는 장기불황을 거치며 종신 공영제가 무너지고 1억 총중류는 평등사회의 개념도 약화되면서 일본 사회는 많은 문제에 부딪칠 것이라고들 한다.

구성원들의 집단 사회 국가에 대한 믿음이 약해지고 지금까지 회사에 들어가 평생을 보장받아 일만 하면서 중류층 정도의 생활을 할 수 있었기 때문에 안심하고 애사심과 애향신을 깆고 있었시만 지금은 회사도 정부도 국민의 개개인의 삶을 보장해 주지 못해 사회석 단결이 약해질 수밖에 없다. 이러한 일본의 변화속도가 빨라지고 있다.

우리는 이러한 이웃나라의 변화를 강 건너 불구경 할 일이 아니다. 왜냐 하면 종전 후 우리는 일본의 변화를 그대로 따라가고 있기 때문이다. 일본을 처음 방문한 70년대 초 전철역 구내 지하도, 공원 입구 등에서 많은 노숙자(일본에서는 '홈리스'라 함)를 보면서 경제대국인 일본에 웬 노숙자가 이렇게 많을까 의아했다. 그 후 일본의 국민 총생산액이 미국에 이러 2위인 경제대국이지만 개인들은 검소하고 내핍생활로 그렇게 풍요롭지 않게 살고 있다는 사실도 알게 되었고 홈리스 중에는 경제적 여유가 있는데도 홈리스를 자청하여 집을 나온 사람들도 있다는 이야기도 전해 들었다.

그런데 그 후 몇 년이 지난 뒤 한국의 서울역 광장, 지하도 등에 노숙자가 늘어가기 시작하더니 일본의 심각한 사회문제로 나타난 청소년의 비행, 자살의 증가, 저출산, 고령화, 각종 사건사고 등 한국은 일본을 그대로 답습하고 있다.

나라마다 나름대로 어두운 면과 밝은 면을 가지고 있다. 오늘의 일본 사회도 많이 변화하고 있다. 그러나 아직 우리의 단점 보완에 유용한 여러 가지 장점을 가지고 있다. 높은 질서의식, 준법정신과 공중도덕, 근검절약, 예의바르고 친절함 등 그 이외에 특별히 관심을 갖게 되는 것은 일본인들의 화和의 정신과 노사관계다. 일본인들이 일상생활에서 중시하는 화는 법보다 더 큰 강도로 국민을 결집시키고 있는 규범이라고 할 수 있다. 화는 일본 사람들의 삶을 지배하는 가장 중심적인 철학이요, 원리라고 할 수 있다.

또 일본의 사회를 대변하는 네마와시根回し와 하나시아이話し合い가 있다. 이를 사전에 의하면 ① 나무를 옮겨 심을 때 1~2년 전에 뿌리의 주위를 잘라 잔뿌리가 발달되게 하는 것, ② 일을 하기 전에 관계되는 사람에게 설명하여 어느 정도 이해와 양해를 얻어 놓는 것이라고 풀이하고 있다. 의견을 달리하는 사람에게 대화와 설득을 통해서 사전에 정지작업을 해 둔 다는 뜻으로 쓰이는 네마와시와 하나시아이야말로 좋은 의견을 수렴하고 마찰을 피하는 지혜가 아닌가 싶다. 한편에선 이러한 과정은 오랜 시간이 소요되고 창의력을 억압하게 된다는 비판도 있지만 의욕이 앞서 매사를

성급하게 추진하려는 우리로서는 한번 되새겨 보고 싶다.

한국은 온통 촛불시위와 각종 노사문제로 홍역을 치러왔다. 한 보고서에 따르면 한국의 준법 질서 수준은 OECD 30개국 가운데 27위라는 순위가 나와 있다. 서울 시내에서만 한 해 6000건의 집회·시위가 열려 손실이 12조 3000억 원에 이른다. 노사관계가 적대적인가 생산적인가를 따지는 평가에서 55개국 중 55위라고 하니 국제적으로 얼마나 수치스럽고 국가적으로 낭비적 아닌가.

나는 일본을 자주 드나들면서 우리나라와 같이 불법적으로 쇠파이프 등을 휘두르고 진압경찰들과 대치하는 무법천지의 분위기로 시민을 불안하게 하는 광경을 한 번도 본 적이 없다. 그런데 한국을 찾은 일본의 방송인·교수 등 지인들이 올 때마다 시위장면을 목격하고 매우 불안해하던 모습을 잊을 수 없다. 문제는 이런 잘못된 시위문화가 디년긴 개신되지 않고 반복되고 있는 것이다.

일본 노사관계도 1950년대는 물론이고 1960년대까지 극렬한 노사분규에 휘말려 극한적인 대립 상태였다. 이에 따라 일본 대기업들이 회사의 존립자체가 위태로운 정도로 심각한 쟁의에 휘말렸다. 종전 후 경제부흥이 시작되었지만 1960~1970년대에는 노동분쟁의 피크로 미쓰이 미이께三井三池의 탄광 분쟁과 같은 유혈사태의 대소동이 있었다. 또 춘투라고 해서 국철, 사철이 번번이 멈추기도 했다.

전국조직인 총평總評(일본 노동조합 총평의회)은 1956년부터 이른바 춘투春闘를 출범시키고 연례행사로 고율의 임금인상을 주장하는 등 1980년대 한때 1천만 명의 조합원을 춘투에 동원하여 막강한 힘을 과시하던 총평은 1989년에 해체됐다.

일본 경제를 휘청거리게 했던 춘투가 막을 내리고 견고한 노사관계가 일본의 경제대국화를 뒷받침할 수 있게 된 저력은 한마디로 잃은 것이 더 많았던 과격 노조운동의 쓰라린 교훈을 바탕으로 '회사가 살아야 내가 있고, 기업별 조합도 있다는 노사 간 공감대의 확산'이라고 전문가들은 지적한다.

기업은 노조원과 운명공동체라는 인식으로 성실하고 진지한 자세로 노사협의에 임하고 노조위원장의 이사회 참석 등 일부 경영권 참여를 보장하는 방법을 통해 노조원의 실리에 보답했다. 일본이 세계 경제대국으로 도약할 수 있었던 배경에는 이 같은 노사관계의 신뢰와 협조가 바탕에 깔려 있었다.

일본의 언론

일본의 5대 진국지로는 아사히朝日신문, 요미우리讀賣신문, 마이니치每日신문, 산케이産經신문, 닛케이日經신문 등을 들 수 있다.

일본 신문은 한국 신문이 가로쓰기인데 반해 모두 세로쓰기를 하고 있었다. 일본 신문을 훑어보면 5대 전국지 모두 1면 광고면에 책 광고를 하고 있다. 이는 신문의 품위를 살리고 국민들의 독서 분위기를 조성하기 위해서라고 한다. 또 일본의 특징으로는 여론광장 등 독자여론 수렴 캠페인성이 강하다. 또 가십란이 독자들에게 인기를 얻고 있다. 아사히 신문의 경우 '천성인어天聲人語' 같은 가십란은 우리나라에 별도로 한일대역서가 팔릴 정도로 인기가 있다.

또 5대 전국지의 지면구성, 내용, 편집방향, 보도 스타일은 대부분 비슷하나 편집방향이나 논소에 있어서는 독특한 색깔을 갖고 있으며 특히 한일관련 기사를 비교해보면 확연히 다름을 알 수 있다.

일본의 지성인이 많이 본다는 아사히신문은 논조가 혁신적이고 진보를 추구하고 있다. 일본이나 세계의 흐름과 세계평화무드를 강조하고 한일관계에 있어서도 우호와 과거반성에 대한 관심을 많이 가진 신문이다. 국회결의 사죄, 전후 보상 문제 등 전후 처리에 적극적으로 반성하는 입장을 가진 진보사관을 견지하는 신문이라고 볼 수 있다.

가장 발행부수가 많다는 요미우리신문은 중립을 표방하며 일본이 반성해야할 것은 있지만 너무 지나치게 자기비하를 해서는 안 되고 나라나 역사에 대해 자부심을 가져야 한다는 입장이다. 파문이 일기 쉬운 망언문제, 전후 보상 문제 등은 되도록 취급하지 않으려 한다.

마이니치每日신문은 아사히신문과 자매지로 논조가 비슷하다.

산케이産經신문은 요미우리보다 더 우익적이며, '주장하는 신문', '말할 수 있는 신문'임을 내세워 주장과 정론 란에서 우익적 발언을 과감하게 하여 우익의 대변지라고 할 수 있다. 교과서 문제, 야스쿠니 신사, 독도, 종군위안부 문제 등을 비롯해 한반도에 대해 많은 비판을 하고 있다.

일본의 왜곡 역사 교과서 '검정통과'를 놓고 일본의 주요 신문이 사설과 특집기사 등을 통해 공방을 벌인 예를 살펴보면 아사히신문은 역시 적당치 않다는 제목의 사설에서 일선 학교가 이런 교과서를 쓰는 것은 바람직하지 않다고 강조하면서 이 교과서는 '자학사관의 극복'이란 이름 아래 가해 사실 등 부정적 사실을 은폐하고 있다며 "어린이들을 온실에 가두어두려 한다면 학습요령이 추구하는 '국토와 역사에 대한 이해와 애정'마저 제대로 기르지 못할 것"이라고 지적했다.

마이니치신문도 "반성하고 교훈으로 삼는 것까지 자학적이라고 배척하는 것은 스스로를 깎아 내리는 것"이라고 반대론을 폈다.

그러나 교과서를 출판할 후소샤의 모회사인 산케이신문은 "획일성이 강한 이제까지의 교과서와 비교할 때 앞으로는 다양한 특색을 갖게 됐다."며 환영했다. 이 신문은 또 "총리 관저가 한국이나 중국의 요구에 굴하지 않고 객관성을 관철했다.”라고 추켜세웠다. 요미우리신문은 “이 교과서의 원문과 수정문을 비교해보면 전체적으로 객관적인 표현으로 수정됐다.”며 “검정은 엄정하게 그 역할을 다했다.”고 찬성론을 폈다.

2001년 8월 13일 고이즈미 총리의 야스쿠니 신사참배에 대한 일본 주요 신문의 사설 또한 그 논조가 제각각이었다.

아사히신문은 〈이것이 숙고의 결과인가〉라는 제목의 사설에서 “고이즈미 총리가 담화 내용처럼 아시아 이웃 나라에 대하여 회한과 반성의 뜻이 있었다면 이웃나라의 불신을 부르는 참배 자체를 하지 말았어야 했다.”라고 비판했다. 사설은 이어 “참배하는 자신의 기분만 강조했을 뿐 이웃의 기분을 배려하지 않았다.”라고 지적했다. 참배를 주장해온 우익 성향의 산케이신문은 “고뇌에 찬 결단이었다고 하나 고이즈미 총리가 8월 15일 참배 약속을 어겨 실망했다.”며 “한국과 중국이 앞으로 목소리를 더 높여 요구를 해 올 것”이라고 지적했다. 역시 참배 논리를 지지해온 요미우리신문도 ‘한국과 중국의 반발’, 구미의 비판적인 분위기 등 현재의 어려운 국제 정세와 총리가 말하는 ‘폭넓은 국익’을 종합적으로 고려한다면 8월 15일 피한 것은 현명한 정치적 판단이었다고 평가했다. 마이니치신문은 “국익을 중요하게 생각한다면 근린 제국과 어떻게 우호관계를 구축할 것인가 총리에게 안겨진 무거운 책임”이라고 강조했다.

한자문화권의 한국과 일본

우리는 중국 · 일본 · 대만 · 홍콩 · 싱가포르 등 15억 명의 한자 문화권 속에 살고 있다. 이웃엔 1억 2천의 일본인과 12억 인구의 중국인이 살고 있다. 최근에는 한 · 중 · 일간에 경제 교류 증대로 한자의 중요성이 갈수록 높아지고 있다.

우리나라는 고대로부터 중국의 영향을 받아왔고 한자를 사용해왔다. 우리말 가운데 순 우리말이 24%, 외래어가 6%로 나머지 70%는 한자에서 뿌리를 둔 한자어이다. 그럼에도 한글전용 정책으로 한맹漢盲을 양상하고 있다고들 우려를 하고 있다.

최근 한 · 중 · 일간의 경제 교류증가로 한자의 중요성이 높아지면서 재계가 신입사원 채용 시험에 한자시험을 포함시키는 방안을 추진한다고 한다. 젊은 사원들의 한자 실력 저하로 중국, 일본 등 한자 문화권 국가와의 비즈니스에 걸림돌이 되어 외국인 거래처와의 명함 교환, 인맥 구축, 정보 수집 같은 업무 수행에서 어려움을 겪고 있는 것으로 알려졌다. 물론 외국 회사들의 공식적인 언어는 영어이지만 커뮤니케이션에 한계가 있어 한자를 모르는 신세대에게는 보고서 작성을 맡길 수 없는 실정이라고 말하고 있다.

언제인가 〈서울대 한맹漢盲 비상〉이라는 기사가 있었다. 중·고등학교『한문』과목이 필수에서 선택으로 바뀌면서 서울대생들의 실력이 크게 저조해진 것으로 나타났다. '교양 한문'을 수강하는 서울대생 548명을 대상으로 조사한 결과 중학교용 한자 쓰기의 정답률이 11.3%라는 것이었다.

또 전직 교육부 장관들이 초등학교 한자 교육 실시를 촉구하자 한글학회와 전교조가 반발한 가운데 한 여론 조사(한국갤럽)에서 전국 성인 1,502명을 대상으로 여론 조사 결과에 따르면 한자 혼용 찬성 55%, 한글 전용 찬성 33%로 한글만 써야 한다는 의견보다 국한문 혼용에 찬성한다는 의견이 높게 나타났다.

한자 문제는 한국뿐 아니라 이웃 일본의 젊은 세대들의 한자 실력 저하에 대해서도 우려들을 하고 있다. 그러나 일본에서는 1946년 상용한자 1,850자의 약자略字를 제한사용하고 있으며 소학교(초등학교) 때부터 한자를 가르치고 있다. 학년별 한자 배당표를 살펴보면 1학년 80자, 2학년 160자, 3학년 200자, 4학년 200자, 5학년 185자, 6학년 180자로 소학교 졸업 때까지 총 1,005자('교육한자'라 함)를 가르치고 있다. 중·고 졸업 때까지 1,945자('상용한자'라 함)를 배워서 일본사회에서 사용되고 있는 대부분의 한자를 읽을 수 있도록 하고 있다.

그런가 하면 중국에서는 1985년 문자개혁을 단행, 간편하게 줄인 간체자簡體字를 사용하는 실용한자 2,500자를 사용하고 있으며 한자를 배척하고 한글 전용을 시행했던 북한도 대학을 나올 때까지 3,000자의 한자를 익히도록 하고 있다.

그런데 우리는 1970년부터 초·중·고 교과서에서 사라지더니 지금은 초등학교에서 완전히 없어졌고 중·고에선 17%만 선택하고 있는 실정이다. 최근에는 역대 국무총리들의 한자교육의 중요성을 담은 건의서가 청와대에 보내졌다고 한다.

우리 문자인 한글은 1446년, 조선 세종대왕이 중심이 되어 창제된 고유의 문자다. 모음 14자, 자음 10자를 조합하면 자기의 말을 자유자재로 표현할 수 있으며 세계의 어느 나라 언어도 원음에 가깝게 발음을 표기할 수 있는 대단히 과학적이고 편리한 문자이다. 우리 한글은 유네스코 세계문화유산으로 등록되어 있다.

이런 우수한 한글과 아름다운 우리말을 잘 보존하고 가꾸어 계승 발전시켜야함은 재론의 여지가 없다. 그러나 21세기는 아시아의 시대가 오리라고 한다. 아시아의 중국・일본・대만・싱가포르・홍콩 등 많은 나라에서 정보교환의 수단으로 쓰이고 있는 한자를 한국에서만이 한글전용을 고집하고 한자교육을 소홀히 하는 것은 현실적으로 어느 쪽이 실리적이고 지혜로운 것인지를 생각해야 한다.

일본의 안전과 질서의식

최근 일본사회도 각종 사건 사고로 골머리를 앓고 있다. 치안이 최고라는 자부심의 신화가 흔들리고 있는 것이다. 그러나 일본을 내왕할 때마다 우리와 확연히 비교되는 것을 경험하게 된다. 일본인들의 높은 안전과 질서의식이다.

어느 해 도쿄의 스이도바시水道橋역에 전철을 타기 위해 골목길을 걸어가던 중 길바닥의 맨홀 뚜껑 둘레에 노란 페인트칠을 한 것을 목격했다. 무심코 걸어가다 생각을 하니 그것은 보행자들의 안전을 위해서 조심하라는 일본인들의 세심함이었다.

또 오래 전 도쿄시부야澁谷 뒷골목을 지나다가 2층 목조건물을 철거하는 공사 현장을 가던 길을 멈추고 한참을 지켜본 적이 있다. 공사 현장 주변의 가림막과 공사 안내판은 물론 포크레인에 살수장치까지 하여 먼지 하나 나지 않도록 세심한 주의를 기울여 이웃집이나 지나가는 행인에게 조금도 피해와 불편을 주시 않도록 배려를 하고 있었다. 더욱 놀란 것은 작은 건물 하나 철거하는데 헬멧에 작업복을 입고 완장까지 두른 2명의 안내원이 현장 입구와 골목길까지 나와 한 눈 하나팔지 않고 진지한 자세로 안내하는 모습을 지켜 본 적이 있다.

안전제일을 목표로 매사에 치밀하고 주도면밀한 일본. 일본이 자랑하는 신칸센新幹線은 지금까지 한 건의 사고도 없이 잘 운영되고 있다. 주요 도시에 거미줄처럼 깔려 있는 지하철도 철저한 안전대책으로 안전하게 운영되고 있다. 지진이 많고 화산활동이나 산사태, 홍수 등의 재해 발생 시를 대비하여 신속한 대응책을 갖고 있는 일본.

그뿐만 아니라 일본인들의 높은 질서의식과 공중도덕은 이미 정평이 나 있지만 우리와 확연히 비교가 된다.

일본의 도로 폭은 한국의 도로 폭에 비해서 좁은 편이다. 그래서 한국을 처음 찾은 일본인들은 확 뚫린 넓은 도로와 차량의 행렬에 놀란다. 한국의 도로 폭은 보통 8차선, 10차선이 넘는데 비해 일본의 도로 폭은 대부분 2차선, 4차선이 많다. 그러나 일본의 경우는 비교적 소통이 잘 되고 있다.

그 원인은 첫째 운전기사들의 교통법규 준수와 시민들의 대중교통 이용이라고 할 수 있다. 나는 도쿄 시내에서 단속하는 교통순경을 본 적이 없다. 그리고 일본에서는 자동차 구입시 주차장을 확보했다는 증명이 없다면 승용차를 구입할 수가 없고, 도쿄 거주시 주차장은 사용료가 한 달에 3만 1,000엔 이나 든다. 그리고 일본기업들이 대부분 직원들에게 출퇴근 교통수당을 지급하고 있다. 그래서 일본 샐러리맨들이 대중교통을 이용하지 않을 수 없다.

나는 우리 대중교통인 버스를 이용할 때마다 일본에서 이용했던 버스를 연상할 때가 있다. 일본 기사의 친절함, 차내의 청결, 안전운행은 인상적이다. 승객이 자리에 앉기도 전에 급발전하는 것은 상상할 수가 없다. 또 승객들도 정류장에 정차도 하기 전에 자리에서 성급하게 일어서는 광경도 볼 수가 없다. 오디오를 크게 틀어 승객들을 짜증나게 하는 일은 더더욱 있을 수가 없다. 승객(고객)을 왕으로 섬기고 배려한다는 그들의 정신.

언제인가 후코오가현福岡縣 아리타有田에서 지방버스에서 있었던 일이다.

승객할머니 한 분이 정류장에서 내리자마자 다시 뒤돌아 승차하여 놓고 내린 물건을 갖고 내리는 바람에 한참동안 지체하게 되었다. 운전기사는 짜증보다는 그 할머니에게 미소를 지으며 "모 요로시 데스가(이제 되었습니까)?"라고 했다. 할머니도 미소를 지으며 "스미마센(미안합니다).", "아리가도 고사이마스(고맙습니다)."라며 연신 고개를 숙이며 하차하였다. 기사는 그 할머니가 완전히 하차한 것을 확인한 후 조용히 시동을 걸었다.

미소짓던 운전기사와 연신 "미안합니다. 고맙습니다."라고 한 할머니가 떠오른다.

한국인과 일본인의 다른 점

한국인과 일본인은 외국의 여행 시 경험한 것처럼 외견상으로 구별하기가 어렵다. 미국이나 유럽의 대도시에서 한국인이 일본인으로, 일본인이 한국인으로 착각하여 보는 경우가 있다. 필자도 외국여행 시 "Are you Japanese?"란 질문을 종종 받은 적이 있다. 언젠가는 도쿄의 한 전철역에서 외국인인 나에게 길을 묻는 일본인도 있었다.

이와 같이 한국인과 일본인은 외관상으로 볼 때 구별하기 어려울 정도로 비슷하다. 일본인과 만나면 만날수록 비슷한 점이 많으면서도 너무나 차이가 많다는 것을 느끼게 된다. 다시 말하면 한국인과 일본인의 사고방식이나 행동양식이 너무나 상이相異하다는 것을 실감한다. 그런데 한국인과 일본인은 서로 사귀고, 만남에 있어서 상대에 대한 올바른 이해가 부족함을 느낄 때가 많다.

흔히 말하기를 한국인은 대륙성 기질을 타고나서 대범하고 스케일이 크다고 한다. 그래서 작은 것보다는 큰 것을 선호하고, 작은 일에 신경을 쓰면 대범하지 못해 큰일을 못할 사람이라고 한다. 그런 사람들을 소심한 사람이라고 한다. 그런가 하면 일본 사람은 섬나라에서 태어나서 스케일이 작고 지나치게 세심하며 꼼꼼하고 축소 지향적이어서 작은 것을 좋아하는 민족이라고 한다.

또한 한국인은 감정적이고 자기 주장이 지나치게 강하고 거칠며 무뚝뚝하다고 한다. 그에 비해 일보인은 지나치게 조용하고 자기를 낮추고 상대를 높이며 자기를 나타내지 않는다고 한다. 한국인은 5분만 이야기하면 속에 있는 것을 담아두지 못하고 전부 털어 버리지만 일본인들은 속을 알 수가 없다고 한다. 그래서 일본 민족은 양파 같은 민족이라고 표현하는 사람도 있다. 양파는 벗겨도 금방 속을 드러내지 않는다.

일본인이 즐겨 쓰는 다테마에建前와 혼네本音라는 것도 따지고 보면 일본인 특유의 성격을 나타낸 말이 아닌가 한다. 다테마에란 표면적으로 드러내는 태도나 언행을 의미하고, 혼네는 겉으로 표현하지 않은 속마음, 즉 본심을 의미한다. 그래서 일본인들의 마음을 알기 위해서는 다테마에를 보아서는 안 되고 혼네를 알아야 한다고 한다.

일본인들은 유난히 친절한 자세로 연신 구부리면서 '고맙습니다', '죄송합니다', '뵈올 면목이 없습니다' 등의 언어 구사를 많이 한다. 그러나 이러한 말들이 '다테마에'에 불과한 것이지 '혼네'가 아닌 것이다. 즉 일상적인 겉치레 인사로 인식하면 무방하다.

일본인들에 비해 한국인은 비교적 겉과 속을 일치시키는 민족에 가깝다. 일반적으로 한국인은 소리가 크고 퉁명스러운 말씨를 많이 쓰는 편이다. 또 화가 나면 주위는 전혀 의식하지 않고, 가슴에 담아 두지 못하고, 때와 장소를 가리지 않은 채 그대로 표현하는 편이다. 즉, 일본인에 비해서 너무 직설적이다. 그러므로 일본인은 한국인이 직설적으로 표현하고 상대방을 배려하지 않는 것을 좋게 보지 않는다. 일본인은 상대방에 대하여 신중하게 행동하기 때문에 남에게 혐오감을 주거나

욕하는 일이 거의 없고 기껏해야 '바가야로馬鹿野郎', 즉 말과 사슴도 구별 못하는 바보라고 한다.

이와 같은 일본인들의 체질화된 성격은 과거 수세기 동안 도쿠가와德川 막부와 철권의 군국주의 하에서 엄격한 지배를 받으면서 자연스럽게 생활화된 것이라고 한다. 이러한 역사적 전통에서 일본인들은 솔직한 표현보다는 우회적인 표현을 하는 것이 체질화되었다고 볼 수 있다. 또한, 기후 조건 등 일본의 풍토가 일본인을 내향적으로 만들었다. 그 결과로 일본 사람들은 섬세한 미美, 내면화된 아름다움을 중시한다.

그래서 일본에서는 자신의 감정을 내면에 간직하고, 함부로 드러내는 것은 옳지 않다고 보는 풍습이 있는 것이다. 이런 까닭에 일본인은 항상 어떤 일에 대하여 자신의 본심은 먼저 드러내지 않고 상황을 조심스럽게 판단한 다음 드러내도 괜찮다고 생각되었을 때 본심을 드러내는 것이다. 또한 일본 사회를 대변하는 말 가운데 네마와시根回라는 단어가 있다. 이를 사전에서 찾아보면 하나는 나무를 옮길 때 1~2년 전에 뿌리의 주위를 잘라 잔뿌리가 잘 발달하도록 하는 것이고, 다른 하나의 뜻은 일을 하기 전에 관계되는 사람들에게 계획, 사정 등을 충분히 이해시키고 양해를 얻어놓는 것이라고 풀이하고 있다.

한국인의 경우는 어떤 일을 추진할 때 주관하는 사람이 최고 책임자의 의향이나 자기의 주장을 무리하게 관철시키려고 하다가, 결국엔 마찰을 일으키는 경우가 많다.

일본인들은 서로 옷깃을 스쳐도 '스미마센'한다. 상점에서 "잔돈이라 죄송합니다." 등 책임이 있건 없건 미안합니다가 연신 계속된다. 그래서 일본의 '스미마센'은 일본 사회의 윤활유 역할을 하고 있는 것이다.

한국은 고대로부터 북방민족의 제국과 남방민족 해양국의 일본으로부터 끊임

없이 침입을 받아 한국민족의 민족성에 많은 영향을 받았다고 볼 수 있다. 그래서 한국은 중국의 대륙과 일본의 섬나라 중간에 있는 반도로 대륙성과 섬나라의 중간적 성질을 가지게 되었다고 한다.

한국인의 가장 큰 특징적인 국민성은 '정情'이다. 정을 인정이라고도 하지만 주로 감정, 정서를 가리킨다. 그래서 한국인은 감정에 충실한 민족으로 감정의 표현을 잘하여 정에 웃고 정에 우는 민족이라고까지 한다.

한국인은 일본인에 비해 낙천적이고 정열적이며 감정의 기복이 심하여 말도 많고 잘 웃고 잘 운다. 감정적이다. 한恨이라고 하는 독특한 심리를 가지고 있다. 인간관계에서는 개방적이고 친밀감을 갖는 편이며 친구에게 감정을 솔직하게 표현해서 사이좋게 지낸다. 그러나 상대방의 입장이나 감정에 부신경한 나머지 개인의 프라이버시를 침해하는 단점을 가지고 있다. 그래서 가끔 다툼이 생기지만 쉽게 친해진다.

흔히들 일본의 국민성을 말할 때 '섬나라 근성島國根性', 또는 '화和의 국민성'을 말하곤 한다. 『사해辭海』라는 사전에 의하면 섬나라 근성은 편협하여 마음에 여유가 없으며 좀스럽고 융통성이 없는 근성으로 일본인이 대륙에 비해 자기 자신의 협소, 고립, 폐쇄성을 자조적으로 말할 때 잘 쓰이는 문구적 표현이라고 하고 있다.

섬나라 근성으로 작은 것을 좋아하고 섬세한 것에서 아름다움을 느낀다. 세밀하고 정확함을 늘 추구한다. 아름다운 자연을 사랑하고 세련된 미의식을 갖는다. 근면하고 열심히 노력한다.

반면에 부정적 이미지로는 마음에 여유가 없고, 작은 것에 지나치게 신경을 쓴다. 그리고 긴장감으로 가득 차 융통성이 떨어지고 결벽성과 완벽성을 꼽고 있다. 인간관계에서도 표면적인 사귐에 계산적이고 합리주의이다.

서로관계를 맺고 사귈 때 상대의 문화를 이해하고 사고방식, 행동양식 등 기초적인 지식을 갖는다는 것은 매우 중요하겠다.

특히 일본인과의 관계에서 유념할 것으로는 일본인은 외국인이라는 사실을 잊어서는 안 된다. 그리고 사고방식이 명확히 다르다는 점을 염두에 두고 상대를 대해야 된다. 약속을 정확하게 지키는 것은 물론 상대를 배려하는 마음가짐으로 자기를 좋아할 것이라는 섣부른 판단으로 무리한 행동을 안 하도록 해야 할 것이다.

우리는 상대를 관찰하고 상대의 눈에 비친 자신의 모습을 관찰하는 것에 익숙하지 못하다. 겉치레보다 실리를 추구하는 일본인을 생각하면서 좀 더 차분하게 우리의 모습을 되돌아보는 것은 매우 중요하다.

일본 대중문화 개방과 한류

한국에는 일본 대중문화의 빗장이 풀리기 이전 이미 일본 문화가 들어왔다. 일본 만화를 비롯해 일본 잡지 등은 물론 NHK 위성방송이 안방까지 들어와 일본에서 일어나는 사건사고(뉴스), 일본 노래, 스모 등 각종 프로그램을 볼 수 있었다.

1998년 10월 제 1차 일본문화 개방정책에 의해, 영화로는 하나비, 가족시네마, 카게무샤, 우나기 등 네 편의 영화가 한국 각지에서 상영되었다. 1999년 9월에는 2차 개방으로 영화, 비디오를 확대하고 200석 규모 이하 실내에서의 일본 대중가요 공연이 가능해져 일본 가요계에서 활약하고 있는 김연자 씨가 광주에서 콘서트를 개최하였다. 그녀는 일본의 가요, 동요를 일본어로 불렀다.

2002년 2월 일본 대중문화의 개방이 이루어지면서 한국의 극장에서 일본영화가 상영되었다. 나는 일본영화 〈철도원〉이 첫 개봉되던 날 집사람과 함께 집 가까운 극장에 가서 일본영화를 감상하였다. 일본에서 450만 일본 관객을 동원한 99년 최고의 흥행대작 일본 시나리오 걸작선 〈철도원〉, 이 영화는 아사다 지로의 소설 『철도원』을 일본 시나리오계의 거장인 이와마 요시카가 각색한 영화로 원작에서 느낄 수 없는 영상문학의 진수를 맛 볼 수 있는 작품이다.

평생을 철도 승무원으로 홋가이도의 조그만 시골 종착역인 호로마이역을 지키며 살아간다. 사랑하는 아내가 죽던 날, 사랑하는 딸이 병으로 죽던 날에도 그는 묵묵히 철도원의 일만을 하고 있다. 하루는 친구인 센이 찾아와 그에게 전업을 권유하던 밤, 낮에 인형을 두고 갔던 어린 소녀의 언니가 찾아오고, 며칠 후에는 그 소녀의 언니가 찾아온다. 그런데 그 소녀는 다름 아닌 죽은 자신의 딸 유키코이다. 딸은 아버지를 자랑스러워하고 아버지(오토마쓰)는 그런 딸에게 미안함과 고마움을 느낀다. 오토마쓰는 시골의 호로마이역에서 철도원으로 일을 하면서 죽음을 맞는다. 온통 흰 눈으로 뒤덮인 조용한 시골역, 눈을 맞으며 홀로 서 있는 역무원 제복의 오토마쓰의 모습이 매우 인상적이다. 수년이 경과한 지금까지 잔잔한 여운을 남기고 있다.

그 1년 후 연말에는 한국방송공사(KBS)의 인기 프로그램인 '열린 음악회'에 일본인 가수 모리야마 료코森山良子가 등장하여 아름다운 한국 노래를 불렀다. 한국 가수 윤형주 씨와의 듀엣도 감동적이었다. 그리고 피날레에는 무대 가운데 서서 양희은 씨와 세 사람이 스코트랜드의 민요 〈즐거웠던 그 옛날〉을 불러 KBS홀을 가득 메운 청중들은 감동에 젖어 들었고 TV화면을 보던 나도 감동하였다.

2004년 1월에는 평소 가깝게 지내는 NHK의 도요지마 씨로부터 편지 한 장이 날아왔다. 한국에서 방송된 드라마 〈겨울연가〉(일본제목 〈겨울소나타〉), 아름다운 날들이 일본에서 대단한 인기를 끌고 있다는 소식과 함께 NHK에서 방송되는 이 드라마를 매회 분 부인과 함께 즐겁게 보고 있으며 일본의 젊은이들, 중년, 노인에 이르기까지 대단한 인기를 끌고 있다고 했다. 그러면서 일반 대중의 문화를 통해서 이해를 깊게 하고 이 드라마를 통해서 일본 안에 큰 변화가 일어나고 있어 마음으로부터 기쁘게 생각한다고 하였다.

또 그는 일본 사람들이 한국인들에 대해 좋아지고 있나는 소식도 주변의 한국인들에게도 꼭 전해 달라는 부탁도 잊지 않았다. NHK에서 〈겨울연가〉를 재방송할 때부터 배용준 열기가 달아올라 『한국』이라는 책이 베스트셀러가 되고 〈겨울연가〉에 나오는 음악과 DVD · 비디오도 각 부문 1위를 달렸다. 그리고 한국을 찾아가는 〈겨울연가〉 투어를 수많은 여행사에서 기획하여 수십만 명의 일본인들이 찾아왔다.

이러한 한일 간의 변화가 중단되지 않고 한일 양 국민이 다양한 문화교류의 활동을 통하여 서로의 문화를 바르게 이해하고 정서를 헤아리면서 아름다운 우정이 쌓여갔으면 하는 마음 간절하다.

히로시마廣島의 한인 위령비 유감

1980년 히로시마에 들렀을 때 평화공원을 찾아 한인 원폭 희생자 위령비에 참배를 한 적이 있다. 그 후, 1993년 10월에 히로시마 평화공원의 국제 회의실에서 제40회 방송교육연구회 전국 대회가 개최되어 참석차 10월 21일에서 27일까지 머물렀을 때, 대회 기념 심포지움이 끝나고 나서 다시 한 번 한인 원폭 위령비를 찾아 참배할 기회가 있었다. 그런데 왜 우리 한인 원폭 희생자 위령비는 평화기념공원 안에 세워지지 못하고 공원 밖에 초라하게 세워져 있을까 하는 의문을 가졌었다.

히로시마의 인구는 약 107만 명, 쥬고쿠中國 지방의 행정 · 경제 · 교육 · 문화의 중심 도시로 발전해 나가고 있는 도시이다. 시가지 한 가운데로 여섯 개의 강줄기가 유유히 흐른다. 이 물줄기는 파도가 잔잔한 국립공원 세토나이카이로 흘러들어 간다. 평화기념공원은 강과 신록으로 둘러싸인 아름다운 공원이다. 공원 안에는 평화를 상징하는 원폭 돔, 원폭 위령비, 평화기념자료관, 국제 회의장이 있고 그밖에 항구적 평화의 염원이 아로새겨진 수많은 상징적 기념비들이 세워져 있다. 시민들의 평화를 상징하는 색색 종이로 접은 학이 수십만 개 놓은 것도 이색적이다.

원폭 돔은 원래 히로시마 산업 장려관 건물로 히로시마현 내의 물산의 전시장으로 사용되었던 건물이다. 1945년 8월 6일 이 건물 바로 위 상공에서 '리틀 보이'라는 원자탄 한 발에 히로시마시는 잿더미가 되었다. 철골과 외벽만 앙상하게 남은 이 건물을 후세에 이 모습을 그대로 남기어 평화 염원의 상징으로 보존하자는 운동이 일어났다. 1967년 보수가 공사 완료되어 지금은 세계 평화를 호소하는 상징이 되어 있다.

히로시마원폭돔

나는 기념공원 서쪽 외곽에 모토야스元安천을 사이에 두고 공원과 마주보며 초라하게 서 있는 한인 원폭 희생자 추모비를 참배하면서 일본인들의 차별성을 생각하지 않을 수가 없었다. 누구 때문에 일본 땅에서 무고한 우리 한인들이 희생되었단 말인가? 이 추모비는 원폭 희생자 20만 명 중 10%에 이르는 2만 명이나 되는 한인 희생자의 넋을 위로하자는 뜻에서 지난 1970년 민단측에서 세운 것이다. 그러나 히로시마시 당국의 완강한 거부와 시민들이 반대로 화려하게 꾸며진 일본인 원폭 희생자 위령탑이 있는 평화공원 내에 함께 자리하지 못하고 25년 동안 일반 참배객의 눈에 띄지 않는 외진 자리로 밀려나 있는 것이다.

나는 1994년 도쿄에서 후쿠오카 아리타까지 역사 기행을 하면서 히로시마를

히로시마 평화공원에 있는 한국인 피폭자 위령비

지나가는 길에 한국인 위령비를 공원내로 옮기려고 민단측이 5년째 노력하고 있다는 소식이 너무 궁금하여 후쿠오카에 도착하자마자 히로시마 민단 본부의 유성사 부단장과 통화를 하였다. 추진 경과를 물어보니 1994년 9월 17일 히로시마에서 열리는 아시아 경기 대회를 앞두고, 한국인들을 차별한다는 국제 여론을 의식해서인지 공원내로 옮기게 될 것 같다는 희망적인 답변을 들을 수 있었다. 마침 1994년 9월 17일 31억 아시아인의 축제 12회 아시안게임에서 우리는 스포츠 강국의 이미지를 발휘하여 자긍심을 높였다.

특히 마라톤 경기에서 우리의 황영조 선수가 바로 원폭 투하 지점인 히로시마 평화공원에서 일본의 하야타 도시유키 선수를 멀찍이 따돌리고 우승하여 히로시마 하늘에 태극기를 휘날리는 순간 한국인의 가슴에 벅찬 감격을 심어 주었다. 이 마라톤 우승 장면은 60만 재일 동포에게 한국인의 긍지와 자부심을 듬뿍 느끼게 해주는 순간이었다. 전 국민은 일손을 멈추고 이룹의 하야타 도시유키 선수와 황영조 선수가 달리는 모습을 처음부터 끝까지 텔레비전 앞에 앉아 한시도 눈을 떼지 못했다. 우리 선수가 꼭 승리해 주기를 기원했다.

그로부터 4년 후 한국인 위령비는 우여곡절을 겪으면서 평화공원 내로 이전되었다. 그동안 평화공원 안에 세워지지 못했던 사정을 일본측의 거부 이외에도 민단과 총련 사이의 갈등 때문이기도 했다는 소식도 들려왔다. '한국인 위령비'라는 이름을 들어'조선인'을 고집하는 총련계에서 반대했으나 통일비를 지향한다는 정신을 살려 마침내 이전이 이루어졌다고 한다.

1998년 말 한국인 위령비의 공원내 이전이 이루어졌고, 그 첫 제사인 위령제가 1998년 8월 5일에 있었다. 그 자리에는 오부치게이조小渕惠三 일본 총리가 처음으로 원폭 투하 54주년인 6월 한국인 원폭 희생자 위령비에 헌화했다. 그동안의 한일 간의 갈등 · 오해가 해소되고 양국의 우호증진에 한걸음 진전되게 되어 다행이라 생각되었다.

일본의 인사성과 스미마센 문화

일본인들의 인사성과 스미마센済みません 문화에 대해서는 이미 널리 알려져 있다. 일본에 거주하는 사람이 아니고 나처럼 한국과 일본을 번갈아 내왕하는 입장에서 보면 더욱 느끼는 바가 크다.

한국인과 일본인은 외모 상으로 쉽게 구별하기 어렵지마는 상대를 대할 때 상냥하고 고분고분하게 허리를 숙이면서 인사하는 사람은 영락없이 일본인이다. 깃삿텐(찻집)에서 차 한 잔을 마시고 나오는데도 여주인은 출입문까지 따라 나와 30도 이상 허리를 굽혀 정중하게 인사를 한다. 뿐만 아니라 백화점 점원 등 가는 곳곳에서 감탄할 정도로 허리를 굽혀 정중하게 인사하는 것을 경험한다.

그에 비해 서양에서는 누구든 동등한 위치에서 허리를 굽히지 않고 인사하거나 대화를 나눈다. 이에 비해 일본인들은 연신 허리를 굽혀 인사를 한다. 이렇게 볼 때 우리나라는 서양과 일본의 중간 쯤 위치에 해당한다고 볼 수 있다.

우리나라에서는 흔히 거만한 사람을 가리켜 '목에 힘준다'고 하거나 '목에 깁스gips(석고)를 했다'고 하기도 하고, '목이 뻣뻣한 사람이다'라고 하기도 한다. 당연히 그런 사람이 상대에게 좋은 인상을 줄 리는 만무하다. 일본에서는 오만한 사람을 가리켜 '허리가 높다'라고 말하고, 겸손한 사람은 허리가 낮다고 한다. 이렇게 볼 때, 우리와 일본의 차이는 한국인은 목이나 어깨로 인사를 하는데 반해 일본인은 허리로 인사를 한다는데 있다. 일본에서는 사람들을 만나거나 헤어질 때 서로 몇 번씩 허리를 낮게 굽혀서 인사를 한다. 이것은 일상적이며 허리를 덜 굽히는 것은 실례라고 여기기 때문이다. 그래서 일반적으로 통용되는 각도가 있다. 한 기록에 의하면 보통 인사를 할 때에는 허리를 15도, 작별할 때에는 30도, 사과할 때에는 45도를 굽히는 것으로 나타났으며 동료에게는 15도, 고객에게는 30도, 상사에게는 45도로 머리를 숙이도록 교육시킨다고 한다.

그리고 일본 땅을 밟는 순간부터 가는 곳곳에서 일본인들의 친설과 스미마센의 문화를 만나게 된다. '스미마센済みません'은 우리나라의 '미안합니다'에 해당하는 언어이지만 일본에서는 그 쓰임이 확연히 다르다.

스미마센의 의미로는 '미안합니다', '감사합니다', '실례합니다' 등으로 쓰이고 있다. 우선 택시라도 타게 되면 운전기사는 "스미마센(어디로 모실까요)."이다. 식당에 들러 라면 하나를 시켜도 "스미마센(실례합니다) 라면하나 주세요."라고 한다. 점원이 라면을 가지고 오면 또 "스미마센(고맙습니다)."이다. 식사 중 식탁에 물을 엎질러 종업원이 물을 닦아줄 때에도 "스미마센(미안합니다)."이라고 하듯이 쓰임이 다르다. 점원이 거스름 돈(잔돈)을 주면서도 잔돈이라 "스미마센(미안합니다)."이다.

그밖에 길을 물을 때에도 '스미마센', 가게에 들렀을 때에도 '스미마센'이 앞에 붙는다. 이런 경우는 우리나라의 '여보세요'에 해당한다. 나는 1주일 정도의 일본 체류인데도 귀국 후에는 습관이 되어 한참동안 허리를 굽히고 '미안합니다, 감사합니다'가 자연스럽게 나오게 된다.

일본의 스미마센은 다양하게 쓰이면서 일본사회의 윤활유 역할을 충실히 하고

있다. 일본사회의 윤활유 역할은 그 뿐만은 아니다. 일본인들은 No와 Yes가 분명치 않고 애매한曖昧(あいまい)태도 역시 상대에게 자극이나 쇼쿠를 주어서 상대의 마음을 상하지 않도록 배려하는 것이라고 볼 수 있다.

화和를 중시하는 일본에서는 자기주장이 강한 자는 화를 붕괴시키는 이단자로 경박한 인간의 취급을 받게 되고 따돌림이라는 고립을 두려워하지 않을 수 없다. 그래서 일본사회에서는 개인주의 경향인 한국 · 중국 · 서구사회에 비해서 분쟁이 월등히 적어서 소송건수도 아주 낮다.

어쨌든 화를 중시하고 책임이 있건 없건 스미마센 하면서 남을 배려하는 경우 바른 사람들인데 왜 일본정부의 일부 각료나 일부 정치인들은 이웃나라 한국 · 중국 등 피해국인 상대의 국민들에 감정을 자극하는 망언을 서슴없이 내뱉는지 '스미마센의 나라 일본'은 깊이 생각해 볼 문제가 아닌가 싶다.

4부

일본 속 한민족의 역사를 찾아

일본 속의 한 민족 역사기행
우에노 공원의 왕인박사 추모비
고마신사高麗神社와 고구려 문화
천년의 고도 교토와 신라문화
백제의 숨결이 배어있는 나라
한민족 문화의 첫 전파지 후쿠오카
조선 도공의 애환이 서린 곳 아리타
쓰시마의 조선통신사 흔적들

일본 속의 한 민족 역사기행

한국과 일본은 고대로부터 많은 문화를 교류해 왔다. 일본 땅 가는 곳마다 알게 모르게 한민족 문화가 산재해 있다. 예를 들면, 고구려高句麗(고우구리), 신라新羅(시라기), 백제百濟(구다라) 등 고대 삼국의 이름을 붙인 고구려신사 · 신라신사 · 백제신사가 많이 있다. 이러한 것은 재일 작가인 김달수金達壽 씨가 『도래인과 도래인 문화』 등의 책에서 잘 밝혀 놓고 있다. 이들 책은 주로 일본의 신사나 절이 한민족 문화와 어떤 관계를 지니고 있는지를 극명하게 기록하고 있다.

나는 일본을 방문할 때 나리타 공항에서 스카이라이너Sky liner를 이용하여, 우에노역에서 내려 갈아타곤 한다. 그 우에노 역 옆에 있는 우에노 공원을 자주 지나다니면서도, 일본에 한자와 유학을 전한 백제 왕인 박사의 추모비가 있다는 것도 모르고 다녔다. 또 내가 자주 투숙했던 도쿄의 지요다구千代田에 있는 YMCA센터 현관 앞에 세워진 3 · 1 독립운동기념비에 대해서도 그 자세한 내력을 모르고 다녔다. 그리고 오사카 · 나라奈良 · 교토 등을 방문한 적이 있었지만 주마간산走馬看山식으로 지나쳐 다녔다. 물론 출장 관계로 업무에 쫓겨 다닌 사정도 있었지만, 솔직히

한국청소년센터앞 조선독립선언기념비

말해서 무관심했다는 것이 옳을 것이다. 그래서 나는 정년을 앞두고 특별휴가를 얻어 우리 선조들의 혼이 깃든 일본 속의 한민족 문화를 직접 답사해야겠다는 생각을 했다.

1994년 5월 10일, 가벼운 옷차림으로 배낭 하나를 둘러매고, 도쿄에서 신칸센新幹線으로 교토, 오사카, 히로시마, 후쿠오카福岡를 거쳐 규슈의 아리타有田 다녀왔다. 그리고 미루어 왔던 쓰시마對馬를 1999년 9월 말에 다녀왔다. 이제 그 일본 속 한민족 문화를 찾아가는 여로旅路를 독자 여러분과 함께 떠나가 보기로 한다.

도쿄에 도착하자마자 다음 일정을 생각하여 숙소인 YMCA 아시아 청소년 센터로 정하고 여장을 풀었다. 이곳은 도쿄대 치과대학을 비롯하여 학원들이 많은 학원가로 비교적 조용하고 5분 거리에 스이도바시水道橋 전철역이 있어 교통도 매우 편리한 곳이다. 그래서 도쿄에 들리게 되면 가끔 이용하는 곳이다.

그런데 내가 그동안 자주 이용하면서도 YMCA 아시아청소년센터가 일제 강점기의 독립선언과 관련이 있었다는 사실을 전혀 몰랐다. 회관 현관 앞에 세워진 독립선언 기념비를 발견하고서야 비로소 관심을 갖게 되었다. 마침 김수규金守圭 총무로부터 2·8독립선언에 대한 설명을 들을 수 있었고, 잠자리에 들기 전 그가 준 재일본 한국기독교 청년 회사를 훑어보았다. 1919년 2월 8일 최팔용崔八鏞 등

전철역

남녀 유학생 400여 명이 도쿄 조선 기독교 청년회 강당에 모여 독립선언서와 결의문을 발표하여 국내에서 거국적인 3·1운동으로 발전하는 결정적인 역할을 한 곳이라는 것을 알았다.

지금의 YMCA센터는 1980년 신축하여 옮긴 곳이다. 처음에는 한국 유학생들의 기독교적 인격 형성의 훈련장이 되었으나 지금은 재일한국인 청소년들에게 우리글, 우리말, 사물놀이 등을 가르치고 한국의 얼을 심어주는 큰 역할을 담담하고 있으며, 일본과의 협력관계나 선교활동을 하고 있다.

우에노 공원의 왕인박사 추모비

화사한 5월 봄날이다. 도쿄에 도착한 나는 자주 이용했던 지요다구의 YMCA회관에서 하룻밤을 지냈다. 다음날 아침 서둘러 왕인 박사 추모비를 찾아보기 위하여 우에노 공원에 갔다. 워낙 넓어 찾기가 쉽지 않았다. 안내판에도 표시되어 있지 않았고, 공원 안의 파출소 순경을 찾아가 물어보기도 했지만, 그들도 잘 모른다고 했다. '이러다 찾지 못하고 그냥 돌아가게 되면 어떻게 하나?' 고민하던 중 공중전화로 주일 한국문화원에 전화를 걸어 보기로 했다. 마침 전화를 받은 여직원이 모리(숲)미술관 건너편의 위치를 친절하게 일러 주어 곧 찾을 수가 있었다.

나는 발길이 뜸한 숲속에 대략 3m 높이로 우뚝 세워진 왕인 박사 추모비 앞에 섰다. 그리고 그분의 자랑스러운 공덕을 기리며 경건한 마음으로 머리를 숙였다. 왕인 박사는 일본 15대 오진천황應神天皇 때 『논어』와 『천자문』을 전했다고 되어 있다. 왕인의 고향은 전라남도 영암군 군서면 구함리 성기동으로 알려져 있다. 왕인은 4세기에 일본으로 건너가 불교 · 한자 · 유학 등을 전했다. 당시 일본인들에게 왕인 박사는 다방면에 걸친 대스승이었다. 글과 문장과 학문은 물론 기술 ·

우에노공원에 있는 왕인박사 추모비

공예를 전수했고, 일본가요의 창시 등 일본문화를 발달시켰다. 왕인 박사는 황태자의 정치고문이 되고 아스카飛鳥 문화의 원조가 되었다.

비문의 내용은 다음과 같다.

박사 왕인은 백제 사람으로서 당시에 백제에서 여러 거유와 현인賢人들의 존경을 받은 문장 도덕의 군자였다. 백제 구수왕 때 일본국 오진천왕은 박사 왕인을 초빙했다. 왕인은 16년(서기 285년) 2월에 천자문과 논어를 가지고 일본에 건너와 황태자의 스승이 되었다. 태자는 성인의 학문을 배워서 성인의 도를 다하며 천하를 형에게 양위함으로써 후세에 모범을 보였다. 그 후 왕인의 학문은 널리 보급되고 성행하여 위로는 조정으로부터 아래로는 일반서민에 이르기까지 인륜 도덕을 모르는 자가 없게 되었다고 한다.

나는 왕인 박사의 추모비를 읽고 1600여 년이 지난 지금까지 일본에서 그를 기리고 있는 뜻을 충분히 짐작할 수 있었다.

바로 인근에 정한론자征韓論者이던 사이고 다카모리西鄕隆盛의 사무라이복 차림의

우에노공원(사이고다까 모리동상)

큰 동상을 배경으로 사진 촬영에 한창인 젊은 남녀들을 볼 수 있었다. 묘한 대비가 나의 뇌리를 스쳐 지나갔다.

우에노 공원 안에 있는 국립 박물관을 찾았다. 제실帝室박물관 앞 잔디밭에는 문인석과 동물석상 등이 서 있는데 어딘가 낯익은 듯한 느낌이 들었다. 그것이 한국 무덤 주변에 있던 것을 가져온 것이라는 것을 뒤에 알았다. 도쿄박물관은 중요문화재를 진열한 표경관表慶館과 일본의 미술품을 진열한 본관, 그리고 동양관東洋館으로 이루어져 있었다. 동양관 9, 10 전시실은 조선 미술품 전시실로 우리나라 문화재가 진열되어 있었다.

도쿄 국립박물관의 외국인용 안내서에는 일본 · 한국 · 중국의 역사를 시대별로 간결하게 비교해 놓았는데, 일본과 중국은 구석기시대부터 소개하고 있는데 반해 한국은 선사시대와 고조선 시대를 빼버리고 낙랑시대부터 비교해 놓고 있었다.

박물관 정원에 서있는 우리나라 문인석과 동물석상 그리고 망부석을 보았다. 그리고 우리나라 구석기시대부터 조선시대까지의 진귀한 유물들을 보았다. 어떤 연유로 해서 이들 석물까지도 일본 땅에 진열되어 있는 것인지 궁금했다.

고마신사高麗神社와 고구려 문화

고구려인이 이주하여 많이 살았다는 고마촌에 있는 고마신사高麗神社에 가보기로 했다. 평소 가깝게 지내던 NHK 방송부장인 미즈카미水上씨가 몇 번이나 고마신사에 가보는 것이 좋을 것이라고 권한 적이 있다. 그래서 떠나기 전에 그를 찾아가 고마신사에 간다고 하였더니 그곳에 가는 약도와 교통편이 적힌 것을 손수 복사를 해주었다. 그의 친절한 설명 덕분에 어렵지 않게 찾아 갈 수 있었다. 도쿄에서 북서 방향으로 신주쿠역에서 중앙선(JR)을 타고 하치오지八王子 역까지 가서, 다시 전철을 갈아타고 고마가와高麗川역에서 내렸다. 마치 우리나 어느 시골 간이역 같았다.

포장이 되지 않은 조그마한 마당에 택시 3대가 대기하고 있었다. 고마신사로 가는 길을 물어보니 20여 분 정도의 거리에 있다고 했다. 초행길이라 택시를 이용할까도 했지만, 마침 소학교(초등학교) 학생들의 행렬이 보여 다가가서 어디 가느냐고 물어보니 고마신사에 간다는 것이 아닌가. 나는 그 행렬의 뒤를 따라갔다. 각자 현장 학습 계획안을 손에 들고들 있어 잠깐 얻어 들여다보니 현장교육 내용이 상세하고 치밀하게 되어 있었다. 사전의 완벽한 계획 아래 현장교육이 이루어지고

고마신사 입구

있음을 엿볼 수가 있었다.

5월의 햇볕이 꽤 뜨거웠다. 이곳은 일본인들이 '마음의 고향心の故郷'이라고 부르는 한노能라는 지역이다. 밭에서 일하던 일본 할머니가 일손을 멈추고 지나가는 나그네에게 웃으면서 인사를 건네주는 친절까지도 잊지 않았다. 목적지에 당도하니 유치원 어린이들도 단체로 와 있었다. 우선 초입에 들어서니 우리나라에서나 볼 수 있는 장승 한 쌍이 우뚝 서 있어 마치 한국의 어느 시골에 온 듯한 느낌을 받았다.

이 고마신사는 666년에 고구려 국사를 가지고 일본에 왔다가 668년에 고구려가 멸망하자 고국으로 돌아가지 못한 고구려 왕국의 약광若光을 모시는 신사라고 한다. 고구려 멸망 시 나당 연합군의 난을 피해 일본으로 이주한 고구려인 1,799명을 이곳으로 옮겨 716년에 고마군高麗郡을 설치했다는 것이다. 고구려 왕족 약광若光이 이곳에서 살면서 조국에서 지니어 왔던 기술과 문화로 황야를 넓히고 산업을 일으키는 등 민생을 안정시켰다. 폭넓은 문화를 높인 그가 파란 많은 생애를 마치자, 군민들은 그의 덕德과 영혼을 기리기 위해 사당을 세웠다. 그리고 훗날 그 사당자리에 고마신사가 세워진 것이다.

고마신사 장승

현재는 고구려인이면서 일본인인 59대손 고마씨가 대를 이어오고 있다. 고마신사와 고마향高麗鄕이라는 인쇄물이 준비되어 있어 읽어보니 출세개운의 신사出世開運の神社 고마신사라는 제목으로 다음과 같은 글귀가 쓰여 있다.

> 이 제신神은 고마왕 약광若光을 모신 곳이다. 그는 고구려국의 왕족으로 고마군의 대령으로 부임하여 이 땅에서 파란 많은 생애를 통해서 개발자로 널리 숭경崇敬을 모아 메이지明治 이후 이 신사의 참배자 중에는 6명의 총리대신이 나왔으며 출세개운의 신사로 불려 근년에는 연간 30만 명의 많은 참배자가 다녀갔다.

안내자의 설명을 들으니 일본의 역대 수상들이 모두 다녀갔고, 한국의 독립운동가 여운형과 같은 인사도 이곳을 참배하고 서명한 흔적이 남아있다고 했다.

천년의 고도 교토와 신라문화

교토에는 신라문화의 흔적이 많은 곳이다. 빠르기로 유명한 신칸센으로 교토로 떠났다. 나의 신칸센 이용은 세 번째이다. 첫 번째는 1970년도에 오사카, 나라, 교토를 돌아보기 위해서였고, 두 번째는 와카야마和歌山 지방에서 개최되는 방송교육연구 전국대회에 참석하기 위해서였다.

신칸센이 달리는 차창 밖의 5월은 녹음 짙은 산야와 잘 정돈된 농촌의 풍경이 펼쳐져 있어서 한결 평화스럽고 아름답게 보였다. 차내에서는 소학교 어린이들이 자기가 마신 빈 깡통, 쓰레기 등을 기차에 달려있는 쓰레기통에 갖다 넣는 것을 보면서 평소 철저한 교육으로 공중도덕이 습관화되어 있다는 것을 알 수 있었다.

교토에 도착하자 일본식 옛 전통 가옥의 여관을 찾아보기로 했다. 마침 2층으로 된 허름한 목조건물인 여관을 발견하고 2층에 숙소를 정했다. 곧 엽차 한잔을 받쳐들고 50대로 보이는 여주인이 따라들어 왔다. 땀에 흠뻑 젖은 나그네가 피곤하게 보였는지 상냥하게 아래층에 있는 욕실에 뜨거운 물이 준비되어 있다고 안내하며 편히 쉬라는 인사까지 하고 나갔다. 아래층 일본 전통 목욕탕에 조심스럽게 들어서니 네모진 조그마한 탕에 뜨거운 김이 서려 있고 코너에 몇 송이의 꽃이 반겨주었다. 뜨거운 물을 바가지로 몇 번 몸에 뿌리니 피로가 말끔히 풀리는 것 같았다.

나는 일찍 잠을 청하여 푹 쉬고 숙소에서 가까운 곳을 차례로 돌아보기로 하였다. 고류지廣隆寺에는 신라계로 밝혀진 일본 국보 제1호인 목조 미륵보살반가상이 있고, 통일신라시대의 여래 입상 1점을 비롯하여 몇 개의 불상을 소장학고 있다. 국보관國館이라는 전시관에는 나라시대의 불상 수십 점이 보관되어 있다.

긴카쿠지金閣寺는 이름 그대로 벽에 금칠을 한 절이다. 긴카쿠지 법당 앞의 연못에는, 금붕어와 백조가 유유히 놀고 있으며 호수에 비친 금빛 찬란한 금각의 모습은 기막힌 절경이다. 전에 교토에 들렀을 때는 우리의 역사와 그렇게 깊은 관련이 있는 지역인지도 모르고 지나더녔다. 교도는 정지적 중심지로서의 기간은 짧았으나 사원과 신사가 1천 3백여 개나 될 만큼 전통과 문화 유산을 가지고 있는 도시이다.

규슈 지역과 나라, 오사카 지역에는 가야, 백제의 문화가 먼저 전해져 일본 문화계에 영향을 주었다. 교토 지역은 가쓰라가와桂川강 일대를 중심으로 신라인이 정착하여 제방을 쌓고 벼농사는 물론 양잠, 직조 등 기술을 전해 주었다. 그리고 이러한 신라인들이 신라촌을 이루어 지배계급을 형성한 것은 이미 알려진 사실이다.

일본 국보 제1호인 미륵보살반가상彌勒菩薩半跏像을 보존하고 있는 고류지廣隆寺, 싼농사를 기인히는 후시미 이나리대사見稲荷大社, 수신酒神에게 제사 지내는 마쓰오 데시松尾大社를 창건한 사람이 바로 신라인 하타노 가와가쓰秦野河勝의 후손인 하다노 씨이다.

나는 교토의 숙소에서 가까운 순서대로 후시미 이나리대사를 찾았다. 택시기사

도다이지 대불전

가 입구에 내려주면서 돌아갈 때는 전철역이 우측 가까이 있으니 전철을 이용하는 편이 편리하다는 말을 잊지 않았다. 나는 그의 친절이 고마웠다. 이 이나리대사는 771년 신라에서 건너온 사람들이 만든 신사로 농경신인 이나리신을 섬기고 있으며 사업번창, 가내안정, 예능창달의 신덕神德을 빈다.

다음으로 술을 만드는 기술을 처음으로 전해준 신라 도래인을 신으로 모시고 일본 전국의 양조업자들이 이곳 주신에게 제사를 지낸다는 마쓰오대사를 답사하였다. 그리고 교토 국립박물관으로 발을 옮겼다. 고려청자와 조선백자의 전시관에 있는 많은 문화재와 희귀한 자료를 보면서, 감격보다는 이 훌륭한 많은 문화재가 우리나라에 보존되어 있지 못하고 일본 땅에 와 있다는 생각이 발길을 무겁게 하였다.

박물관을 나와서 시내 버스로 교토의 마지막 코스인 귀무덤이 있는 미미즈카耳+塚(귀무덤)을 찾았다. 도요토미 히데요시를 기리는 웅장한 궁궐 같은 도요쿠니신사豊國神社 정문에 도요토미 히데요시의 우람한 동상이 있었다. 그 아래에 억울하게

미미즈카

죽어간 조선사람의 코와 귀가 그의 발 아래에 초라하게 묻혀있다. 도요토미 히데요시는 전과戰果를 확인하기 위하여 죽은 자의 코와 귀를 바치게 하였는데, 왜병들은 전투요원도 아닌 나약한 노인이나 아녀자까지 수십 만 명을 학살한 뒤 베어낸 귀를 묻었다고 한다. 지하에 있는 미미즈카의 원혼들을 어떻게 무엇으로 달랠 수 있을 것인가, 또 오카야마현 비젠시備前市에는 천비총千鼻塚이 있어 정유재란 때 주로 전라도 지방에서 베어 간 우리나라 사람들의 코 6만 명분이 그곳에 묻혀 있었다. 그로부터 바로 400년 만에 박삼중朴三中 스님의 주선으로 우리나라에 안치하였다. 이 세상 어디에 이만큼이나 잔인한 일이 있을 수 있단 말인가. 초라한 미미즈카 앞에 서서 묵념을 하고 걸어 나오려는데 눈시울이 뜨거워지고 발길이 무거워진다. 미미즈카 앞의 다 쓰러져 가는 간판에는 다음과 같은 글귀가 쓰여 있었다.

도요토미 히데요시의 지시에 의하여 조선 사람들의 귀를 잘라 와 무덤을 만들었는데, 조선사람들의 거센 항의로 이 귀무덤이 점점 쇠퇴하여 가니 그 당시의 전란

아름다운 킨카쿠지

을 전하기 위하여 그대로 둔다는 요지였다.

그날 저녁 숙소에 돌아와서는 여러 가지 상념에 잠겨 잠을 이루지 못하였다.

백제의 숨결이 배어있는 나라

교토를 둘러보고 아스카와 교토 사이에 있는 나라奈良를 찾았다. 나라시는 1200여 년 전부터 우리의 문물을 받아들여 불교 문화가 꽃핀 곳으로서, 유물, 유적이 많이 남아 있는 곳이다. '나라奈良'라는 말은 우리말의 국가를 의미하는 '나라'에서 비롯된 말이라고 한다.

이 지역은 아스카飛鳥와 마찬가지로 일찍부터 한반도, 특히 백제인이 이주하여 문화의 꽃을 피웠던 곳으로, 지금도 구다라百濟라는 마을에 옛 궁궐과 사찰의 유적이 있는 것을 볼 때, 그 옛날 백제인들의 활약상을 짐작할 수 있다. 세계 최고의 목조 건물인 호류지法隆寺는 쇼도쿠태자聖德太子의 부왕인 요메이用明 천황의 명복을 기리기 위하여 건립(607년)한 대사찰이다. 그런데 이 사찰은 일본에 이주한 우리 선소의 기술로 만들어졌다.

이 절은 고구려의 담징曇徵이 그렸다는 금당벽화金堂壁畵로 너무나 유명하다. 호류지는 일본의 세계문화유산 가운데 처음으로 등록될 정도로 뛰어난 유산이다. 그런데 호류지에 벼락이 떨어져 불에 탔기 때문에 담징이 그렸다는 금당벽화는

구다라관음상

소멸되고 모사도가 전해지고 있다.

발길을 옮겨 일본 화엄종의 대본산인 도다이지東大寺를 찾았다. 전에 왔을 때와 변함없이 절 입구에 방목되고 있는 사슴들이 눈에 띄었다. 이 절은 일본에 건너간 신라계 사람들이 지었다고 한다. 이 절의 건립을 위해 백제계의 승려 교키行基는 전국을 돌며 제물을 모았고, 백제계인 료벤은 도다이지 초대 별당別堂으로 계획과 주선을 맡았다. 이렇게 우리 선조의 기술과 공헌이 절대적이었다. 이곳을 찾은 것이 3번째이지만 한국계 신을 모신다는 가라쿠니신사辛國神社는 이번이 처음이다.

도다이지 옆 종각 쪽으로 조금 올라가다 보면 초라하게 보이는 신사가 있다. 가라쿠니辛國 신사이다. 옛날 일본에서는 우리나라를 가라쿠니辛國(또는 韓國) 라고 불렀다고 한다. 가라쿠니는 고대 일본과 관계가 깊던 가야국을 일본어로 읽는 것이다. 가라쿠니 신사는 고대에 이곳에 이주한 우리 한민족의 한신韓神을 모시는 신사이다. 그래서 이 신사의 신은 한족의 수호신이 아니면 도다이지의 수호신으로 믿어오고 있다.

나는 밖으로 나오다가 기념품을 파는 가게에서 잠시 쉬면서 우리나라의 감주(단술)와 맛이 비슷한 아마자케あまざけ로 목을 적셨다. 우리나라 단술과 너무나 맛이 흡사했다. 이 아마자케도 먼 옛날 우리 선조들이 전한 것이 아닌가 하는 생각이 들었다.

일정관계로 백제에서 이주한 후나 씨의 족장이 창건했다는 야추지野中寺, 가시하라박물관, 다카마쓰총高松塚을 이번 기회에 보지 못했다. 백제, 고구려의 대승들이 수시로 머무르고 출입했다는 아스카지飛鳥寺가 있는 아스카 지방에 들르지 못하고 버스로 다시 오사카로 돌아왔다.

오사카는 재일 동포가 가장 많이 거주하는 곳이다. 일본에서 둘째로 큰 도시로서, 도쿄에서 신칸센으로 3시간 10분, 비행기로 55분 거리에 있다. 오사카는 4~5세기부터 백제, 고구려, 신라인에 의하여 개척된 일찍부터 문화가 발달한 지역이다. 우리 선조의 숨결이 살아 숨쉬는 오사카는 니혼쇼키日本書紀에는 6~7세기에 아스카 문화를 이룬 오늘의 오사카 남부지방이 다케치군高市郡 주민의 80% 이상이 한반도에서 건너온 사람들이라고 기록하고 있다.

오사카에는 그 유명한 오사카성城이 있다. 1583년 도요토미 히데요시가 100여 년간에 걸친 군웅할거시대群雄割據時代를 종식짓고 지방의 제후들을 장악하게 되자, 각 지방의 제후들이 도요토미 히데요시에게 충성의 표시로 보내 준 거석巨石으로 세웠다는 성이 오사카성이다. 오사카성을 쌓고 정명가도征明假道를 구실로 임진왜란을 일으켜 얼마나 많은 우리의 백성들을 살육하고 문화재를 불태우고 약탈해 갔던가? 그리고 얼마나 많은 조선의 도공, 기술자, 학자들이 일본의 포로가 되어, 낯선 땅에서 눈물과 한숨 속에 두고 온 고국산천을 그리워했을까. 거대한 돌담으로 된 오사카성, 도요토미 히데요시가 그의 권세를 자랑하기 위해 쌓았다는 성 덴슈카쿠天守閣를 쳐다보며 역사의 상념을 펼쳐보았다.

숙소에 들어와 일찍 잠을 청하려는데 문득 서울의 아내에게 미안한 마음이 들었다. 아내는 이곳 오사카에서 출생하여 소학교(초등학교) 5학년까지 다니다 1945년 종전을 맞아 한국으로 돌아온 것이다. 늘 오사카에 가 보았으면 하는 소망을 가지고 있었던 아내이다. 도쿄는 두 차례 다녀왔지만 이번 역사기행에는 함께 오지 못하였다. 그것이 못내 마음에 걸렸다.

한민족 문화의 첫 전파지 후쿠오카

오사카를 서둘러 출발하였다. 일본의 현관인 후쿠오카福岡를 둘러보기 위해서이다. 오사카를 출발한 신칸센은 1시간 만에 하카다博多역이 도착하였다. 도착하자마자 역구내에 있는 관광 안내 센터에서 시내 관광지도를 얻었다. 안내원의 아리타有田에 가는 교통편 등에 대해 친절한 안내를 받았다. 일본가는 곳곳마다 설치된 관광안내센터에는 한글판을 비롯해 각종 안내 홍보물이 가득하고 상냥하고 친절한 안내원들의 모습을 보면서 일본이 관광산업에 심혈을 쏟고 있다는 인상도 받았다.

일본 남단의 섬 규슈는 아열대적인 풍경에 온천이 많은 곳이다. 그리고 규슈는 한반도 및 아시아 대륙, 그리고 유럽과 고대 문화교류가 있었던 곳이다. 그것을 증명하는 사적들이 많은 곳이다. 나는 일정 관계로 나당羅唐연합군의 침공을 대비해서 쌓았다는 미즈키성水城, 백제식으로 축성했다는 오노산성 등을 돌아보지 못하고 후쿠오카 시립 역사자료관을 견학하였다.

이 역사 자료관은 1909년 2월에 건축한 서양식 건축물로서, 1969년에 중요문화재로 지정되었다. 자료관에 전시된 유물로는 우리나라 선사시대 유물인 유구석부, 반월형석도半月形石刀가 눈에 들어왔다. 그리고 우리나라의 벼농사가 일본에 전파된 이다쓰케判付의 유적과 유물들이 전시되어 있었고, 고려와 몽고의 연합군이 일본 원정했을 때의 유물도 함께 전시되고 있었다.

자료관의 상설 전시 팜플렛을 보니 후쿠오카시의 역사를 구석기시대 – 죠몬繩文시대 – 야요이生시대 – 고훈古墳시대 – 나라奈良시대 – 헤이안平安시대 – 가마쿠라鎌瘡시대 – 무로마치室町시대 – 에도江戶시대 – 메이지明治시대로 구분하여 각 시대별로 시대의 상황을 기록하고 있었다. 중국과 한국의 시대 구분까지를 병기하고 있어서 역사를 친근하게 접하고 이해하는데 도움이 되었다.

조선 도공의 애환이 서린 곳 아리타

후쿠오카 시내를 잠시 구경하고 임진왜란 때에 강제 납치된 도공들의 현장을 찾아보기 위하여 국철JR로 아리타有田행을 탔다. 차창 밖으로 펼쳐지는 농촌 풍경을 감상하면서 지루하지 않게 달려, 마침내 도착한 곳은 시골의 조그마하고도 조용한 간이역이었다. 마치 우리나라 어느 시골역에 내린 기분이었다. 이 조그마한 역에도 관광 안내원이 각종 안내물을 준비해 놓고 친절하게 안내를 해주었다. 오후 다섯 시 가까이 되어 역에서 가까운 여관에 숙소를 정했다. '一力'이라는 간판이 붙은 일본 전통의 고풍스러운 체취를 느끼게 하는 허름한 집이었다. 하오리(일본 옷)를 입은 여주인의 안내를 받아 방에 들어가니 혼자 자기엔 너무 큰 다다미방이었다. 방 한구석에는 아직도 흑백 TV가 한 대 놓여 있었다. 여장도 풀기 전에 여주인이 일본차와 과자 몇 개를 담은 쟁반을 가지고 들어와, 무릎을 꿇고 정중하게 엎드려 고개를 몇 차례 숙이면서 편히 쉬라고 인사한 후 조용히 나갔다.

나는 여장을 풀고 여관 식사를 마친 후, 시간도 있고 주변을 알고 싶어 역 광장으로 나왔다. 그런데 가랑비가 몇 방울씩 떨어지고 주위가 어둑어둑해지니 갑

자기 따끈한 차 한 잔이 생각났다. 주위를 둘러보니 조그마한 찻집인 깃사텐茶店-きっさてん이 눈에 띄어 그 곳으로 발길을 옮겼다. 탁자 서너 개와 카운터가 있는 좁은 공간이었다. 희미한 전등 아래에 한 사람의 여자 손님과 여주인 둘이 카운터에 앉아 차를 마시면서 다정하게 이야기를 나누고 있었다. 조용한 분위기이면서 아주 따뜻해 보였다. 내 차림을 보고 나그네인 줄 알고 말을 걸어왔다. 나는 그들과 같이 따뜻한 차 한 잔을 하면서 도산사와 이삼평李參平에 관련된 이야기를 나누었다. 그런데 후쿠오카에서 왔다는 인상 좋은 여자 손님은 도자기에 대해서는 나보다도 알지 못하고 있었다. 그 여자 손님에게 내가 일본에 도자기를 처음 전한 분이 조선의 이삼평이라고 하였더니 연신 "소우데스까(그렇습니까)." 하면서 감탄하는 것이었다. 여 주인은 홍보물에 자기 얼굴이 나와 있다면서 자랑 섞인 말을 많이 했다.

나는 다음 일정을 생각하여 그 여주인한테서 도산신사陶山神社가는 길을 안내받고 숙소로 돌아왔다.

다음날 나는 아리타 역전에서 다케오이키행 시골 버스를 타고 후다노스지札汁에서 내려 10분 거리에 있는 도산신사를 찾았다. 경사진 돌계단 양쪽의 석등이 도자기로 만들어진 것이 특이하였다. 나는 경건한 마음으로 머리숙여 참배하였다. 좌측의 좁은 길에 오르니 도조 이삼평의 비가 아리타야끼有田燒 창업 30년을 기념하여 세워져 있었다. 이삼평은 임진왜란 때 끌려 온 도공 가운데 한 분으로 아리타有田泉山에서 자광磁을 발견하여 일본에 처음으로 자기를 전한 분이다.

아리타 마을은 임진왜란 때 일본에 끌려왔던 조선 도공들에 의하여 일본의 도예문화가 형성, 발전해 온 흔적 중에서 대표적인 곳이다. 이삼평李參平의 추모비와 그의 묘지, 그와 함께 온갖 고난을 겪으면서 자기瓷器를 생산해 냈던 무수한 도공들을 추모하는 도공지비陶工之碑가 있다. 일본은 임진왜란을 도기陶器 전쟁이라고까지

부를 만큼 도자기를 약탈해 갔다. 그 뿐 아니라 이에 만족하지 않고 헤아릴 수 없이 많은 도공들을 강제로 납치하여 데려갔다. 그 수가 3만이라고도 하고 5만이라고도 한다.

아리타 마을은 구릉지에 길게 뻗은 지형으로 되어 있다. 양옆으로 도자기 가게가 즐비하여 지금도 4월 29일부터 5월 5일까지 이삼평 도자기 축제가 열린다. 이때에는 전국에서 도자기 예술에 관심있는 사람들이 모두 모이고, 마을 연도에는 4km에 걸쳐 노천상점이 늘어서서 도자기를 판다. 그 축제의 장관을 가히 짐작할 수가 있다. 임진왜란 당시 무수히 끌려와 일본의 도자기 문화를 일구어 준 선조 도공들의 넋을 생각하지 않을 수 없다.

아리타 숙소에서 잘 자고 다음날 아침에 다시 후쿠오카로 가기 위하여 여관을 나오는데, 어느새 현관 마루에 그 여주인은 무릎을 꿇고 앉아 코가 마루에 닿도록 정중하게 엎드려 인사를 하는 것이 아닌가. 그것도 여러 번이나. 누군가의 말이 떠오른다. 자기를 낮추고 겸손하게 인사를 잘하는 사람은 어느 세상에 갖다 놓아도 굶지 않는다고 아마 일본인들을 두고 하는 말이 아닌가 싶다.

나는 후쿠오카로 다시 돌아와서 하카다역 건너편에 있는 로얄호텔에서 하루를 쉬고 7일간의 역사기행을 마치고 귀국하였다. 나는 이번 역사기행을 통해서 말로만 듣고 글에서만 보아 왔던 우리 조상들이 일본에 끼친 문화의 현장을 확인하였다. 백제인이 전한 불교문화, 신라인이 남겨 놓은 수려한 불교미술, 고구려인이 일본에 남긴 강인한 개척의지, 임진왜란 때 잡혀간 도공들의 얼이 깃든 일본의 백자문화 등 이루 헤아릴 수 없이 많은 우리 조상들의 문화적 자취를 현장답사를 통해서 직접 확인할 수 있었다.

그러나 전시판들을 돌아보면서 지금가지 보지 못한 희귀한 많은 우리 문화재를 보면서 삼석보다는 그토록 많은 문화재가 우리 땅에 잘 보존되어 있지 못하고

이삼평을 섬기는 도산신사

일본 땅에 있게 된 것이 몹시 가슴 아팠다. 동시에 일본인들의 문화재에 대한 지대한 관심과 그것들을 보호하려는 자세고 가는 곳마다 느낄 수 있었다. 또, 기술자인 신神으로 섬겨 기리는 일본인의 장인정신을 재삼 느낄 수 있었다. 우리도 과거에 그들에게 문화를 전해 준 선진 문화국이라고 내세우기만 할 것이 아니라, 그들의 문화재 애호정신 같은 것은 본 받아야 하겠다는 생각도 들었다.

이번 역사기행에서 가급적이면 가보지 않은 곳, 그리고 우리의 조상의 숨결이 숨쉬는 곳, 우리 문화 예술과 관계가 있는 곳만을 찾아다니고자 사전에 자료를 수집하여 나름대로 계획을 세워 준비를 하였다. 그러나 워낙 일정에 쫓기고 길동무 없이 혼자 다니는 것이 더욱 힘들었다. 일정관계로 돌아보지 못한 아스카飛鳥 지방의 다카마쓰총, 아스카지, 다스카자료관과 규슈의 남단 카고시마鹿兒島에 있는 심수관도원沈壽官陶院을 보지 못한 것이 못내 아쉬웠다.

쓰시마의 조선통신사 흔적들

1999년 9월 28일 2박 3일 예정으로 대마도(쓰시마) 역사기행을 다녀왔다. 이번의 역사기행은 전 언론인 서석규 친구 내외, 집사람이 10명의 문화탐방팀과 함께 하였다.

조선통신사의 흔적이 가득한 대마도는 한국의 제주도와 울릉도보다 가까이에 있는 섬으로 우리나라의 강화도보다 2배 정도 크다. 그러나 대부분 산지로서 평야가 거의 없으며 인구도 4만 명 정도에 지나지 않는다. 부산에서 약 50km 후쿠오카에서 약 120km나 떨어져 있어 일본 본토보다는 우리나라에서 더 가까운 섬이다.

역사적으로 볼 때 대마도는 우리와 밀접한 관계를 맺어왔다. 산이 많고 평야가 적어 농사를 지을 땅이 없기 때문에 대마도 사람들은 식량 부족으로 한반도와 교역을 통하여 식량 문제를 해결할 수밖에 없었다. 그래서 때로는 우리나라의 해안에 침략하여 약탈과 피해를 주기도 하였다.

고려 말에는 큰 피해를 주어 고려 말기와 조선 초기에는 두 차례나 대마도를 정벌했다. 조선 세종 때는 그 당시 대마도의 지배자인 소 요시토시宗義智 씨로부터 항복을 받았다. 그 후 100년 이상 우리나라와 우호 관계 속에서 교역을 했으며 임진왜란의 참화를 겪은 후 이곳 사람들이 국교 재개에 앞장서서 노력했다.

그 결과 17세기 초부터 19세기 중엽까지 약 250여 년 동안이나 서린 우호 관계가 지속되었고, 양국 정부는 서로 국교를 재개하고 우호의 상징으로서 통신사가 에토시대에 평균 500명에 가까운 조선의 외교사절이 일본에 12번씩이나 건너갔다 하니 그 여정과 그 규모를 가히 짐작할 수 있으며, 200여 년에 이르는 교류 속에서 도쿠가와德川 정권의 260년만큼 두 나라 사이에 평화가 유지되고 우호가 계속된 시대는 없었다고 한다. 그리고 도쿠가와 이에야스는 교류와 평화로 안정된 관계를 유지했던 정권으로 장기적인 번영과 안정을 누릴 수 있었다.

우리 일행은 이러한 역사를 생각하면서 기대와 호기심을 가지고 부산 국제 여객선 터미널에서 시플라워호에 올라 부산을 출발한 지 2시간여 만에 이주하라嚴原항에 도착하였다.

우리가 도착한 이즈하라항은 조선통신사 일행이 이 항구의 부두에서 하선하여 근처에 있는 사이산지西山寺 객사에서 묵었다고 한다. 소형버스로 구불구불한 1차선 정도의 좁은 산 속 길을 달려 만세카바시万關橋를 경유, 조선역관사 조난위령비와 한국전망대를 돌아보았다.

역관사란 조선 조정이 국가와 왕실에 중대사가 있을 때마다 일본 정권에 이를 통보하기 위해 쓰시마까지 보내곤 하던 사절단이다. 숙종 29년(1703) 와니우라鰐浦란 포구에 상륙하려던 역관사 선단이 폭풍에 침몰해 한천석韓天錫 등 일행 108명이 떼죽음당한 사건을 애도하고, 고혼을 위로하기 위해 비석을 건립했다고 한다. 비문은 다음과 같이 기록되어 있다.

오늘날 점차 더해가는 한일교류의 새로운 시대를 맞아 성신지교린誠信之交隣의 정신으로 순사殉死한 일행의 넋을 위로하여 양국 간의 영원한 우호증진을 위해 여기에 영석靈石으로 비를 세워 길이 현창코자 한다.

그런데 애석하게도 1811년 통신사 일행의 일원이었던 유상필柳相弼의 『동사록東槎錄』에는 일본 관원들과 화물검사(금지물품조사)를 두고 시비를 하는 와중에 일본인들이 건 싸움이 발단이 되어 침몰된 것이라 했다.

부산이 보인다는 전망대에 올라갔을 때는 날씨 관계로 부산은 보이지 않고 망망대해만 끝없이 펼쳐져 지형선만 가물가물하게 보여 아쉬웠다.

우리 일행은 하루의 일정을 마치고 쓰시마 최북단의 바다가 내려다보이는 전망 좋은 곳에 위치한 히타카쓰比田勝 국민 숙사의 다다미방에서 파도소리를 들으며 하룻밤을 지냈다. 아침 일찍 일어나 근처의 조용한 해수욕장이 있는 바닷가를 산책하였다. 그런데 바닷가에 한국의 울산에서 조류에 띠내려 온 믹길리 플라스틱 넝과 일본 쓰레기가 뒤섞여 있었다. 한국과 일본이 그만큼 지리적으로 가깝다는 것을 실감할 수 있었다.

이튿날 오전에는 대마도 야생동물 보호센터를 돌아보고 부산에서 가장 가까운 항구로서 조선통신사의 최초의 기항지이며 쓰시마의 지배자들이 도항증서를 발급했다는 관문이기도한 사스나佐須奈항을 경유하여 해신사海神社와 민속자료관을 돌아보았다.

우리 일행은 다시 첫 기항지인 이즈하라항에 도착, 쓰시마 호텔에 짐을 풀고 면함 최익현 선생의 순국비가 있는 슈젠지修善寺를 돌아보았다.

면암 최익현은 한말의 대표적 의병장이었고, 위정 척사 중심 인물이었다. 그 낭시 유림의 대표자였던 면암은 제자인 임병찬林秉瓚과 함께 1906년 6월에 전라북도 태안에서 의병활동을 하다가 체포되어 1906년 8월 하순에 임병찬과 함께 이즈하라嚴原의 일본군 부대로 강제 호송되어 감금당했다. 면암은 조선 사람으로서 적국의 물과 음식을 먹지 않겠다며 단식을 계속하다 1907년 7월 1일에 74세의

조선 역관사 순국비

나이로 순절했다. 그의 시신이 고국으로 돌아올 때 이곳 슈젠지에서 하룻밤을 묵었다. 그 인연으로 선생의 순국비를 이 절에 세웠다. 이 순국비에는 "대한인 최익현 선생 순국지비大韓人 崔益鉉 先生 殉國之碑"라는 비명이 새겨져 있었다.

발길을 옮겨 서둘러 대마도 민속자료관을 찾았으나 시간이 늦어 문이 닫혀 보지 못하였다. 이곳 자료관에 소장되어 있다는 우리나라 선사시대의 유물인 줄문 토기, 조선통신사 행렬의 두루마리 그림, 통일신라와 고려시대의 불상 등을 보지 못해 몹시 아쉬웠다.

저녁에는 함께 동행했던 언론인 친구와 함께 가까이에 있는 서점에 들러 책 한 권씩을 샀다. 내가 구입한 『고대 일본과 쓰시마古代の日本と對馬』를 잠시 훑어보니 아메노모리 호슈雨森芳州는 교린제성交隣提醒이라는 글 속에서 토요도미 히데요시의 조선출병은 명분 없는 "무명無命의 사師"라고 통절히 비판했다는 글귀가 씌어 있다고 소개하고 있다.

'성신지교린誠信之交隣'이란 아메노모리 호슈가 쓴 『교린제성交隣提醒』의 첫머리에 "조선과의 교제의 의義는 우선 인정의 흐름을 아는 것이 아주 긴요하다."라고 말하고 나아가 "성신誠信의 교류는 …… 서로 속이지 않고, 싸우지 않고, 진실을 가지고 사귈 때 성신이라고 할 수 있다." 하여 성신의 교류를 주장한 것이다.

한글로 '환영'이라고 쓴 대형 광고판, 조선통신사 행렬 벽화, 각종 기념비, 곳곳에 눈에 띄는 무궁화, 매월 열린다는 아리랑축제(조선통신사 행렬) 등은 관광객 유치만을 노린 행사 이상의 의미를 느끼게 했다. 아메노모리 호슈의 성신지교린의 정신을 되살리고자 하는 노력들이 보이는 것 같았다.

이번에 우에노 공원의 왕인박사 추모비를 비롯하여 고마신사, 교토, 나라, 후쿠오카, 아리타, 쓰시마 등에 있는 일본 속의 한민속 역사기행을 통해서 문화 선날의 역사, 불행의 역사, 우호친선의 역사를 확인할 수 있었다. 그리고 일본 문화의 원류는 한국 문화이고 두 나라는 동일한 문화권에 있다는 것도 실감했다. 그래서 많은 관광인들이 일본의 겉만 보기보다 일본 속에 묻혀 있는 우리문화와 관련 있는 유적을 찾아보는 것도 매우 의미 있는 일이 아닌가 싶었다.

5부

한일관계를 뒤돌아본다

일본의 전쟁으로 입은 피해
대공습의 체험을 공유하자
야스쿠니靖國 참배와 일본인들의 시각
천황과 군국주의
일본 지배세력의 우익右翼단체
일제 식민지 체험
광복 후 한일관계 조명

일본의 전쟁으로 입은 피해

일본은 전쟁국가라고 불릴 만큼 숱한 전쟁을 일으켰다. 그리고 이 숱한 전쟁이 모두 일본의 선제공격으로 발생하였다.

일본이 일으킨 많은 전쟁 중 1931년의 만주사변부터 1937년의 일·중전쟁, 그리고 1941년의 태평양전쟁으로 이어진 전쟁은 1945년 8월에 일본의 패배로 끝났다. 이들 전쟁을 일본에서는 '15년 전쟁'이라고 한다.

이 일연의 전쟁으로 일본은 물론 아시아의 여러 나라들은 엄청난 피해를 입었다. 일본정부의 집계나 학자의 조사에 의하면 숫자의 차이는 있겠으나 일본은 태평양전쟁으로 일본자국의 피해는 다음과 같다.

사망자는 전투에서 사망한 군인과 공습으로 사망한 민간인 등을 합쳐 약 310만 명으로(오키나와가 임시로 동원된 사람을 포함해서 약 15만, 히로시마, 나가사키의 원폭으로 약 30만 이상) 이 숫자는 당시 일본 인구의 약 4%에 해당되며 그 이외 1,500만 명이 공습으로 집을 잃었다.

이렇게 많은 사망자가 발생하게 된 것은 일본의 군이나 정부 상층부가 전쟁의 시작부터 국력 차이가 큰 국력을 가진 미국과의 전쟁에서 승산을 제대로 예견치 못했고 그 전쟁의 최후의 1년에는 누구도 일본에 승산이 없이 패한다는 것을 알면서도 전쟁을 연장시켜 공습으로 군인이나 민간인이 대량으로 사망케 되었다는 것이다. 이것은 일본의 쇼화 천황昭和 天皇과 관계가 있다. 1945년 2월 전 수상의 고노에 후미마로近衛文磨가 천황에게 항복 교섭할 것을 진언하였다. 그러나 천황은 "한 번 더 전과를 올리지 않고는 이야기가 어렵다고 생각한다."라며 거부했다.

그 시점에서 전쟁을 중단했다면 3월의 도쿄 공습, 4월의 오키나와 공습, 8월의 원폭투하(히로시마 나가사키), 소련의 참전이나 그 결과로 '한반도 남북분단'의 불행은 없었을 것이라고 한다.

이러한 일본의 군국주의의 무모한 전쟁으로 자국은 물론 한국, 중국 등 동남아시아의 피해는 너무나도 컸다. 이것도 각국 정부의 집계나 학자들에 의해 숫자가 차이가 있지만 일본 정부가 인정한 숫자는 다음과 같다.

한국과 북한의 사망자 20만 명(한국 정부는 35만 이상 주장), 일본의 광산, 군수공장 등으로 연행된 사람은 약 230만 명이며, 미국의 일본 공습으로 사망한 한인은 히로시마의 원폭으로 약 3만 명, 나가사키 약 1만 명으로 추정하고 있다. 태평양전쟁 때는 일본군으로 징병 또는 군속의 사망자도 많았다.

그 밖에 대만 사망자 약 3만 명, 중국 약 1천만 명(중국정부의 주장은 2천만 명 이상 추정), 인도네시아 200만 명(인도네시아 정부 약 400만 명 주장), 베트남 약 300만 명, 미얀마 약 5만 명, 필리핀 약 100만 명, 말레이시아 약 5만 명, 싱가포르 약 8만 명에 이르고 일본을 상대로 싸운 외국인도 10만 명으로 추산하고 있다.

그 이외 일본군의 포로가 된 연합군 약 15만 명중 강제 노동이나 학대 등으로 다수가 사망하였다.

우에스기 사토시上杉聰의 『신神의 나라 가라』에 따르면 일본 군국주의 시대의 일본 육군 병사의 값이 2전 5리, 당시의 엽서 한 장 값밖에 되지 않았다. 그리고 소총이나 군마(말)를 구입하는 데 사람값의 2만 배에 해당하는 5백 원 가량의 값이라 인명보다 군수품이나 군마를 더 소중히 여겼다고 하니 얼마나 인명을 경시했던가를 알 수 있다.

그것이 새 교과서에 미화한 가미카제 특공대요, 야스쿠니 신사의 원혼들이라는 것이다. 또 그 인명 경시의 사상이 제암리, 난징南京에서와 같은 대학살을 저지른 것이다.

우리는 이상의 글을 통해서 일본이 일으킨 전쟁이 얼마나 무모한 전쟁이었으며, 얼마나 비참했던가를 짐작할 수 있다. 일본이 일으킨 침략전쟁은 동남아시아의 여러 나라 국민은 물론 일본 국민 자신들에게도 엄청난 비극을 가져왔다.

이 사실을 잊지 말아야 한다. 이 엄청난 비극이 일본 군국주의 망령이 저지른 제국주의 팽창욕구에서 빚어진 비극의 산물인 것이다. 피해국이나 가해국 국민들은 이러한 사실들을 기억하고 얼마나 무모한 전쟁이었던가를 뼈저린 반성이 있어야 한다. 그런데도 또 다시 일본은 군국주의 망령의 꿈을 버리지 못하고 과거로 회귀하고 있다고 피해국들은 염려하고 있는 것이다.

대공습의 체험을 공유하자

1994년 3월의 봄 도쿄의 한 호텔에서 아사히신문 사설을 읽은 기억을 잊을 수가 없다. 그때 읽은 사설의 제목이 〈대공습을 공유하자〉이다(아사히신문 1994. 3. 10).

다음은 사설의 내용이다.

1945년 3월 10일 날이 채 밝기도 전에 도쿄에 미폭격기 B29의 편대가 공습했다. 오전 0시를 지나 저공으로 침입한 약 300대가 1700t의 고공성능 소이탄燒夷彈을 투하하여 강풍 속에 불이 붙어 주택 밀집지를 휩쓸었다. 어떻게 어디로 피할지를 몰라 우왕좌왕하는 사람들을 태웠다. 2시간 반이나 걸친 폭격은 교묘하고 잔인했다.

추정하건대 약 10만 명의 주민이 무차별로 죽음을 당했다. 불탄 가옥은 27만 호, 집을 잃은 사람은 100만 명이 넘었다. 도시에 대한 공습은 전국으로 퍼졌다. 미국의 주요 목표인 66개 도시 폭격은 8월 15일의 날이 밝기 전까지 계속되었다. 도쿄 대공습의 피해는 히로시마廣島, 나가사끼長崎를 살펴보면 최악이다. 그러나 그 체험을 전하기 위해선 긴 공백기의 시간이 필요하다. 널리 기록할 수 있게 된 것은 패전부터 4반세기나 흐른 후였다.

그때 당시의 공습을 기록하고자 하는 운동은 70년에 시작되어, 체험을 바탕으로 한 많은 체험기나 문학 작품이 나오게 되었다. 이번 3월에도 나의 동네에도 폭탄이 떨어졌다가 완성되었다. 현재의 평화는 살아남은 사람들의 아픈 체험에 의해 이루어진 것이다. 그러나 지금 전후 출생자는 전 인구의 7할을 자시하고 있는데 그 중에서는 전쟁이 있었는지조차도 모르는 사람들도 있다. 문제는 공습 피해의 체험을 어떻게 계속해 갈 것인가 하는 것이다.

제2의 공백기를 만들고 싶지는 않다. 체험의 계속이란 어떤 것인가? 저 대공습은 군사적으로 비대화肥大化했던 일본이 걸어온 결과라고 말할 수 있다. 그렇기 때문에 우선 그 결과를 알고 그 위에 그것을 있게 한 원인과 경과를 응시하여, 이것을 이제부터 추체험하고자 하는 사람들의 목표로 하지 않으면 안 된다고 생각한다.

도쿄대공습으로부터 6년을 거슬러 올라가 보자. 중국 중경重慶 시내의 돌계단에 첩첩이 쌓인 시체 더미이다. 대공습의 희생사들의 비참한 모습은 그들에게 그대로 무겁다. 1939년 5월 3일과 4일 일본 해군기가 중경의 시가지를 공습했다. 폭탄이 민가에 떨어져 사망자가 5,400명, 부상자는 3,000명을 넘었다. 무차별 폭격은 41년까지 반복되었다.

일본의 공습피해 체험은 가슴속에 공유하도록 해야 한다. 역사로부터 외면하지 말고 종합적인 관점으로 15년 전쟁을 이해하는 자세를 중요시하고 싶다.

나는 도쿄의 한복판에서 이 신문 사설을 읽으면서 그 당시의 참상을 짐작할 수가 있었다. 그리고 그렇게 폐허가 된 도쿄가 어떻게 이렇게 발전할 수가 있었을까. 또 일본은 왜 이렇게 무모한 전쟁을 일으켜 많은 아시아인은 물론 자국민의 생명과 재산을 잃게 하였을까. 도쿄에 머무는 동안 내내 뇌리에서 맴돌았다.

야스쿠니靖國 참배와 일본인들의 시각

일본 도쿄 지요다千代田구 언덕에 세워진 야스쿠니 신사는 매년 8월 15일 종전 기념일에는 변함없이 수만 명의 조문객들이 찾아온다. 국회의원 각료들의 참배객과 일본 군복을 입은 우익 단체회원들로 군사시대로 돌아가는 듯 한 분위기가 연출된다.

이야수쿠니 신사는 1867년 집권한 메이지明治정부가 일본의 바쿠후幕府체제에서 근대국가로 오는 과정에서 일어난 내란 즉 메이유신明治維新으로 목숨을 잃은 사람의 영혼을 달래기 위하여 쇼콘사初魂社라는 명칭을 세웠다.

이곳에는 메이지유신 · 청일전쟁 · 러일전쟁 · 중일전쟁 · 태평양전쟁 등 침략전쟁을 겪으면서 숨진 246만여 명의 희생자들의 유패가 안치되어 있다.

그리고 야스쿠니 신사내에는 군국주의적 전쟁박물관인 유슈칸遊就館 등 종합적인 국립군사박물관이 있다. 이 박물관의 도검刀劍진열장은 일본의 최대이고 제신祭神이 된 전사자의 유품, 전리품인 병기, 각종 병기의 발달을 역사적으로 나타내는 전시 등은 국민에게 군사적 계몽시설로 커다란 역할을 수행했다.

이와 같이 야스쿠니 신사는 국가의 종교시설이며 국가의 군사시설로, 따라서 국민통합의 정신적 중핵으로서 커다란 역할을 하고 있다.

특히 패전 전 천황이 절대자인 대일본제국에서 야스쿠니 신사는 국민에게 천황을 위해 생명을 내던지는 정신인 '야마토다마시大和魂'(일본 민족의 고유 정신)를 불어넣기 위한 국가의 거대한 제전이었다.

야스쿠니신사

그런데 매년 제2차 대전이 끝난 종전기념일 일본 총리를 비롯해 각료들의 참배문제가 신문을 떠들썩하게 한다.

2005년 8월 15일에는 고이즈미小泉純一郎 총리가 정략적으로 야스쿠니를 참배하여 한국, 중국의 정산회담까지 중단되는 외교문제로까지 비화되어 한일 우정의 해까지 무의미하게 끝났다.

이와 같이 총리와 각료들의 참배문제로 한국·중국·대만·싱가포르 등 아시아 국가들이 문제를 제기하는 까닭은 태평양전쟁 등 침략전쟁의 A급 전범으로 처형된 도조히데기東條英機 등 7명이 합사 되어 있기 때문이다. 또 2차 세계대전에 동원돼 숨진 2만여 명의 한국인도 버젓이 이곳에 합사, 일본 천황을 위해 순국한 애국사로 만들어 놓음으로써 한국인들의 분노를 사게 하고 것이다.

일본의 작가 이노우에 히사시井上ひさし는 총리의 야스쿠니 신사 참배문제가 논란이 되자 2003년 아사히朝日신문에 비판의 글을 썼다. 야스쿠니에서 제사 지내는 위령제에 붙여진 '애국, 충성'의 배경에는 야만적인 국가폭력이라고 비판을 하면

야스쿠니 참배하는 극우단체

서 태평양전쟁 말기 군부에 의해 저질러진 가미가제神風(신의 힘에 의해 분다는 바람, 특히 2차 세계대전 때 특공대에 가미가제라는 이름을 붙였다) 특공전에 동원되어 희생된 사람이 4,000여 명이라고 했다.

그런가하면 2005년 9월 조선일보에 기고한 미국의 존스홉킨스대 데이비드 브라운 아시아 연구소 부소장은 야스쿠니 신사는 일본과 아시아에서는 뜨거운 논란거리지만 미국에서는 거의 논란이 되지 않았다면서 미국을 포함한 국제사회는 이제 야스쿠니 둘러싼 논란에 관심을 가져야 한다면서 전쟁박물관에 드러나 있는 역사 왜곡은 짚고 넘어가야 한다고 했다.

그런데 일본의 하토야마 신임총리는 야스쿠니 신사참배는 중단할 것이며 별도의 추도시설을 만들겠다고 하였다. 또 아사히신문은 〈이번에야말로 꼭 실현시키자〉는 제목의 사설(2009.8.15)에서 야스쿠니 신사는 도쿄재판에서 일본의 침략전쟁의 A급 전범이 합사되어 있기 때문에 쇼화昭和천황과 지금의 천황도 참배를 중단하였고 외국의 국빈들이 야스쿠니를 방문 못한다면서 별도의 시설을 만들어 어느 누구도 자연스러운 기분으로 추도할 수 있게 하자고 하였다. 이 문제는 전후의 역대 자민당 정권에 쌓아 남겨 놓은 과제로 언제까지 방치해서는 안 된다면서 정권선택 선거라고 하는 절호의 기회에 의논을 깊이 하여 이번에야 말로 꼭 실현시켜주기 바란다고 하였다.

천황과 군국주의

일본의 천황은 일본의 상징이자 일본인들의 정신적 지주이다. 일본인들은 자신들의 왕을 천황天皇이라 부르고 있다. 천황이란 하늘이 내린 신神이란 뜻이다.

20세기 전반 조선을 침략 지배하고 미국 진주만 기습을 단행한 일본 제국주의자들은 언제나 천황 폐하의 명령을 수행한다는 명목을 앞세웠다. 그런데 최근 일본 군국주의 망령이 되살아나고 있다. 패전 후 인간선언을 하고 상징적인 존재로 지위가 격하되는 듯 하였으나 일본의 국력이 강해지고 우익 망령이 준동하면서 그 구심점으로 천황이 주목받고 있다.

여론 조사에 따르면 현재의 상징인 천황제를 지지하는 사람이 83%나 된다고 했다. 더욱이 권위를 높여야 한다고 답한 3%를 합치면 86%가 천황제를 찬성하고 겨우 10%만이 폐지되어야 한다고 생각하고 있는 것으로 나타났다. (1990년 2월 아사히신문의 조사) 천황제에 대한 일부 학자들이 비판도 있었지만 일본의 천황제는 일본 국민 통합의 상징으로 정신적인 지주로 계속 될 것이다.

일본의 헌법에 따르면, 천황은 법률 및 조약을 공포하고, 국회의 개회를 선포하며, 내각・장관과 총리대신을 임명하고 훈장을 수여하는 등 국사행위를 수행하고 있다.

이와같이 일본의 천황은 실질상의 권한은 전혀 가지고 있지 않은 일본 특유의 존재이다. 일본 헌법 제1조는 "천황은 일본 국민의 상징이며, 일본 국민통합의 상징이고, 그 지위는 주권을 가진 국민의 총의에 의한다."라고 규정하고 있다.

오늘의 일본 천황은 1989년 1월 7일 히로히토 쇼와昭和 천황의 사망으로 쇼와시대는 63년으로 막을 내렸고, 그 아들인 아키히토明仁가 125대 천황으로 즉위하여 연호를 헤이세이平成라 하였다. 공식 즉위식은 1990년 11월 12일에 열렸다.

그런데 천황가의 뿌리에 대하여 아키히토明仁천황은 "나 자신으로서는 칸무桓武 천황의 생모가 백제 무령왕의 자손이라고, 『속일본기續日本記』에 기록되어 있어서 한국과의 인연을 느끼고 있다."라고 2001년 12월 생일에 발언하여 일본은 물론 한국에서도 커다란 화제를 일으킨 적이 있다.

고대 한반도에서 살던 민족이 국가형성 단계의 일본에 대한 막대한 영향을 미쳤다는 것은 일본 곳곳에 산재해 있는 역사 흔적에서 확연히 나타나 있을 뿐 아니라 한・일 역사학자 사이에서 공통적으로 인정되는 부분이다. 한발 더 나아가 일본 최초로 지배한 '천황이 백제인의 후손'이라는 학설을 주장한 일본의 역사학자도 있다.

미주노유水野祐 와세대 명예교수는 1978년 출간한 일본의 고대국가 형성이라는 저서에서 백제인의 후손이 15대 천황 오우진應神천황과 16대 닌도쿠仁德천황 부자가 백제의 후손이라고 주장하고 있다.

또 아키히토 천황은 한국의 역대 대통령의 방일 만찬 시 "일본에 의해 초래된 과거 불행했던 시기에 귀국의 국민들이 겪으셨던 고통을 생각하면 본인의 통석痛惜의 염炎을 금할 수 없습니다."(1990.5.24)라고 사과발언을 하였다.

그런데 아키히도 일왕은 즉위 전부터 세계 50개국 이상을 방문하였고 즉위 후 중국 · 동남아 · 유럽 · 미국 등을 순방하였지만 가장 가까이에 있는 이웃나라 한국은 아직 방문하지 못했다.

그것은 천황을 중심으로 한 일본의 근대와 일본의 내셔널리즘이 천황을 신격화하여 일본 국민을 신민화 하고, 국민통합을 꾀하여 한국과 아시아를 침략하는데 '천황제'가 이용됐기 때문이라고들 말을 하고 있다. 제2차 세계대전 후 미국은 천황제 폐지를 검토하기도 하였으나 통치 편의상 상징적인 존재로 천황을 남겨두었다.

일본은 1941년의 태평양전쟁 막바지에 전쟁이 끝날 무렵 도저히 이길 승산이 없는 시점인데도 쇼화昭和 천황은 1945년 2월 전 수상의 고노에후미마로近衛文麿가 항복교섭 할 것을 진언했지만 좀 더 전과를 올린 뒤에 생각하자면서 그 진언을 거부하였다 한다.

그 결과로 인해 3월의 도쿄대공습, 4월의 오끼나와전, 8월의 원폭투하, 러시아 참전으로 한반도의 남북분단과 엄청난 인명피해를 가져왔다.

1988년 12월 7일 나가사끼長崎시의 모토지마本島시장이 "전쟁 책임은 쇼화와 히로히토 일왕에 있다."는 올바른 말을 하였다가 우익단체의 청년들에게 세 발의 총상을 맞는 사건이 일어나기도 하였다.

이와 같이 천황을 중심으로 뭉친 것이 바로 일본의 집단 이기주의 및 군국주의다.

일본 지배세력의 우익右翼단체

도쿄에 들릴 때면 종종 커다란 굉음을 내며 도쿄 중심가를 질주하는 대형버스를 목격하게 된다. 고성능 선전스피커에서 황국사관皇國史觀의 구호와 군가, 때로는 "사죄를 반대한다."는 구호를 외치는 장면을 보는 순가 나도 모르게 섬뜩해 진다. 일반 대형버스를 개조하여 특수하게 제작된 이 까만 차량에 커다란 스피커는 물론 자주헌법 개정 자주 방위체제 조기 확립 등 하얀 페인트의 구호가 선명하다.

일본 우익단체 우요쿠는 천황제를 신봉하는 정치적인 단체로써, 천황제도의 유지 및 천황에 대한 숭배를 사상의 기저에 놓고 정치·역사·외교문제 등에 관한 주장을 펴거나 행동을 전개하는 사람들이다. 이들의 이상은 소위 학자들이 말하는 천황주의, 일본주의다. 이러한 천황주의 사상을 가진 우익 인사들에 의해서 일본의 정치, 사회가 영향을 받고 있다.

일본 우익단체로는 일본의 국회의원 간담회(정계), 영령에 답하는 모임(시민단체), 새역모(평론, 학계), 산께이신문(언론), 세이론(잡지) 등 여러 분야에서 활동하고 있다.

이들은 천황을 중심으로 하는 신의 나라로서 세계에서 유일하고 아시아인들과는 어울리기 힘든 우수한 나라라는 생각을 가지고 있으며, 과격한 행동을 주저하지 않는다.

호소가와細川총리가 한반도 식민지 정책은 침략 행위였다면서 사과하자 우익이 그를 저격한 바가 있으며, 한국을 방문한 무라야마 총리는 한일 수뇌회담에 참석하여 과거 침략에 대한 반성의 뜻을 밝혔고, 침략전쟁이 아니라 아시아 해방 전쟁이라는 망언으로 물의를 일으킨 사쿠라이 신桜井新 환경청 장관을 인책 사임케 하자 이에 발발하여 무라야마 총리 당사에 자폭 돌격을 감행한 사건도 있었다.

일본의 우익집단들은 언론계에도 압력을 가해 편집권도 간섭하고 있다. 1983년 8월에 '일본 민족 의용군'이란 우익단체가 아사히신문 도쿄 본사와 나고야 본사에 방화를 한 사건이 있었다. "반일 · 배일 사상을 선동하는 아사히신문을 계속 공격할 것이다."라고 공포 분위기도 조성했다. 그러나 아사이신문朝日의 반응이 없자, 1987년 1월 24일 신문사 사옥에 총을 쏘는 사건이 있었으며 5월에는 지국을 습격하여 여기자 1명이 사망하고 1명이 중상을 입는 사건이 있었다.

2006년 총리의 야스쿠니 신사 참배를 비판해 온 가토 고이치加藤紘一 자민당 간사장의 집을 극우단체가 방화한 적이 있다.

최근에는 일왕 발언으로 극우보수그룹의 집중 공격을 받은 오자와 이치로小澤一郎 간사장에게 12월 25일 실탄이든 봉투가 배달되는 사건이 있어났다.

일본은 '좋은 나라, 깨끗한 나라, 세계에서 하나뿐인 신의 나라'이고, '이러한 나라를 지키기 위하여 피치 못하게 아시아에 진출하여 전쟁을 하고 식민통치를 하는 것은 일본 국민의 의무였다'라고 생각하는 사람들로 수상이라는 정치가는 과거사에 대하여 사과의 뜻을 밝히고 또 같은 시간에 다른 각료는 과거사를 비화하는 '망언'을 하는 모순의 뒤에는 이러한 정신적인 배경이 있는 것이다.

또 역사 왜곡의 주범인 '새로운 역사 교과서를 만드는 모임新しい歴史教書つくる會'

(‘새역모’) 역시 우익단체 중 하나다.

극우단체의 차량

새역모 측의 역사관은 과거 일본이 유발했던 ‘태평양전쟁’을 서구 열강으로부터 아시아를 해방시키기 위한 ‘대동아 전쟁’이라고 규정하고, 조선병합은 국제법상 합법적으로 체결되었고 근대화에 도움을 주었으며, 전쟁수행을 위한 인력 동원에서 강제연행은 없다는 등 망언을 서슴지 않고 있다.

역사왜곡의 주범 뒤에는 ‘내셔널리즘’과 ‘일본주의’로 무장한 우파 평론가, 정계의 자민당, 일본의 앞날과 역사교육을 생각하는 회원 모임, 우익매스컴인 산케이신문, 산케이 신문계열 월간지 세이론, 월간지 쇼쿤(제군)과 대기업 등이 있다.

그들의 목표는 과거 일본의 전쟁을 정당화 혹은 미화하여 역사왜곡에서 한층 더 나아가 교육 기본법 개악을 먼저 이루고 헌법개악을 추진해서 ‘전쟁을 하는 나라’의 국민을 기르고자 하는 것이다.

일제 식민지 체험

일본은 영국과 미국의 지지를 받으면서 1905년 러일전쟁에서 승리하였다. 이 여세를 몰아 한국을 보호국으로 만들고, 5년이 지난 1910년 완전한 식민지로 삼았다. 그리고 만주사변 · 중일전쟁 · 태평양전쟁('15년전쟁')을 일으켰다.

나는 불행하게도 이 '15년전쟁' 초인 1932년에 태어나 초등학교(초등학교)에서 6년간의 식민지 교육을 받고 자랐다. 그리고 6학년 여름방학 때 고향에서 광복을 맞이하였다.

내가 출생한 고향은 충남 어느 두메산골이다. 지금은 대전광역시로 편입되어 신작로에 아스팔트가 깔리고 학교도 생겼지만 그 당시에는 두메산골로 교통도 아주 불편하였다. 그래서 일본인의 왕래는 거의 없었다. 가끔 칼을 허리에 찬 경찰이 나타나면 순사(경찰)가 나타났다며 슬금슬금 피하곤 했다. 또 무슨 일이 생기지 않았나 하고 사람들은 겁을 먹었다.

나는 고향 가까이에 학교가 없어서 40리 떨어진 대전 시내 백모님 댁에서 학교를 다녔고 방학 때는 평화스러운 고향산골에서 고스란히 방학을 보냈다. 내가 일본인을 처음으로 직접 만나게 된 것은 국민학교에 입학해서였다. 1학년 때 담임 교사인 마쓰오카松岡 선생이다. 그는 보통의 일본인과는 달리 구레나룻이 많고 키가 컸다. 그리고 우리의 콧물을 닦아줄 정도로 다정하였다.

내가 다니는 학교에는 군복차림의 미네도우峰登 교장을 비롯해 마쓰오카松岡 · 고바야시 · 이와타니 · 독구하라 등 15여 명의 교사가 있었다. 그런데 우리는 모두 일본인 교사로만 알았다. 광복을 맞이한 후 비로소 이들 중 몇몇 교사는 한국인이라는 사실을 뒤늦게 알았다. 그들은 모두 똑같은 군복 같은 제복을 입고 전혀 한국사람 내색을 하지 않았기 때문이었다.

우리는 모두 일본 이름으로 성명을 바꿔야 했다. 그렇지 않으면 각종 불이익을 받는 것은 물론 주요 인물로 사찰대상으로 감시를 받게 되기 때문이며, 학교의 입학도 할 수 없었다. 내 이름은 네 글자인 마쓰무라 인도꾸松村寅德였다.

창씨개명의 유형으로는 조선의 성씨 중 남南씨, 유柳씨 등과 같이 일본인들의 성씨와 같은 성을 가진 사람들은 성자를 일본어로 고쳐 남씨는 '미나미', 유씨는

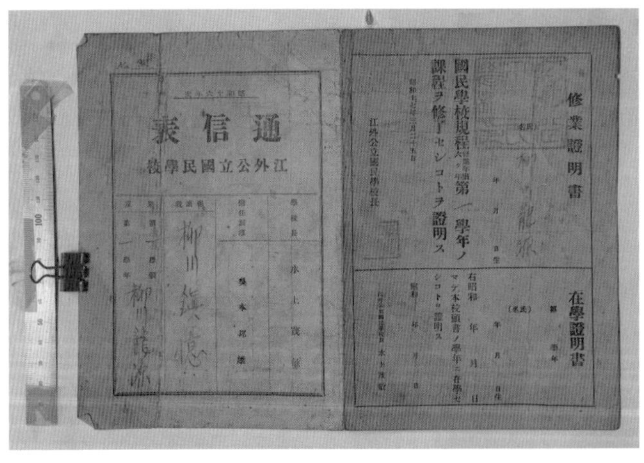
通信表
江外公立國民學校
修業證明書
國民學校規程ニ依リ第一學年ノ課程ヲ修了セシコトヲ證明ス
江外公立國民學校長
在學證明書

창씨개명

'야나기'식으로 했다. 또 본관을 따서 일본식 창씨를 하도록 했다. 광산 김씨光山金氏 경우는 히루야마光山라고 하기도 했다.

이와 같이 조선인의 창씨개명은 이름만을 일본식으로 바꾸는 것을 의미하는 것이 아니라 조선의 가족제도(성씨제도)를 일본식제도로 바꿈으로써 조선인을 일본인화 하는 것이었다. 뿐만 아니라 조선청년들에 대한 징병제를 원활히 실시하기 위한 숨겨진 음모적 의도가 있었던 것이다.

우리의 학교생활은 주로 반공훈련과 노력동원으로 비행기 기름 제조용인 소나무 광솔 채집, 아주까리 열매따기였다. 가장 곤혹스러웠던 것은 매일 아침 일찍 일어나 신사참배를 가는 것이었다. 신사는 집에서 5리(2km)쯤 떨어진 내선 보눈산에 있었다. 참배 후에는 참배했다는 확인 스탬프 도장을 받아와 등교 즉시 검사를 받아야 했다.

신사는 이미 1925년 서울 남산에 일본의 아마데라스天照라는 신과 명치천황明治天皇을 신으로 하는 조선신궁을 세우고 1939년에는 옛 백제의 서울인 부여에 내선일체內鮮一體의 심벌로 부여신궁을 창건하고 신사참배를 강요하였다.

전쟁 막바지에는 가정에까지 모두 가미다나神棚를 달게 하였고, 전국의 학교 교정에 신사를 세우고 등교하다 먼저 신사를 참배하고 교실에 들어가도록 하였다. 또 학교나 직장에서 도쿄의 궁성宮城을 향해서 1. 우리는 대일본제국의 시민이다, 2. 우리는 마음을 합해 천황폐하에 충성을 다 한다, 3. 우리는 어려움을 참고 단련하여 훌륭하고 강한 국민이 된다를 제창케 하였다(황국신민의 맹세).

그리고 조선 반도를 내륙 침략의 병참기지로 삼은 일본은 징용·징병으로 강제동원은 물론 조선 땅에서 생산되는 쌀은 모두 공출供出에 의해서 수탈하고 가끔 배급되는 옥수수로 연명하였다. 하루 세끼를 죽으로 때우다가 춘궁기에는 죽도 제대로 먹지 못하는 사람도 많았다. 내가 방학으로 고향집에 머물 때 어머님은

경성(서울) 남산에 세워져 있던 조선신궁 입구

조그마한 항아리에 몰래 숨겨두었던 쌀로 보리나 옥수수를 섞어서 밥을 지어 주셨다.

또 전쟁 막바지에 이르자 평화스러운 산골 마을에 놋쇠를 거두러왔다는 소식을 전해들은 어머님은 놋대야, 놋요강 등 몇 가지만 남겨 놓고 조상 대대로 쓰이는 제기祭器는 빼앗길 수 없다며 집 뒤 콩밭에 숨겨놓기도 하였다. 또 하루는 아랫마을에서 조상의 제사용으로 담근 술이 문제가 되어(술양조 금지위반) 주재소에서 나온 사복순사가 들이닥쳐 끌고 갔다는 전갈이 왔다. 그런데 광복을 맞아 징용, 징병으로 끌려간 사람들은 대부분 돌아왔지만 유치장에 감금된 후 징용으로 끌려갔다는 아랫마을의 김 씨는 영영 소식이 없었다.

우리들로부터 언어를 빼앗았고, 그들의 신을 숭배하도록 강요했으며, 심지어 조상 대대로 지켜온 성을 바꾸도록 했다. 세계의 강대국들이 식민통치를 하면서 그 나라의 언어와 문자를 못 쓰게 하고 창씨개명하면서 민족정신을 말살하고자 한 나라는 일본뿐이다.

광복 후 한일관계 조명

1945년 8월 15일, 일본은 포츠담 선언을 받아 들여 연합국에 무조건 항복을 하였다. 일본의 패전은 한국에 있어서는 식민지 지배로부터 해방을 의미한다. 그래서 한국은 8·15해방이라고 부른다. 이날 우리 한반도는 물론 세계의 모든 한국인은 독립만세를 불렀다. 전국 방방곡곡은 한복을 입고 태극기를 흔드는 인파의 물결로 넘쳐났다. 그러나 한반도는 남북 분단이란 비극의 그림자가 드리워졌다.

미국과 러시아는 일본이 항복하자 한반도를 북위 38도선에서 분할 점령할 것을 결정하였다. 그것은 8월 8일 일본에 선전포고한 러시아군이 너무나 빨리 한반도를 향해 진격, 내려오는 것에 놀란 미국이 한반도에서 권익 확보하고자 38선의 분할 점령을 제기한 것이다. 38선이란 것은 원래 역사적으로 일본의 제국주의에 의해서 생기게 된 것이다. 1904년의 일러 전쟁 발발 전에 이미 일본은 38도선을 경계로 일본과 러시아가 조선의 세력권을 나눌 것을 러시아에 제기한 바가 있다.

한국은 해방을 맞이하였으나 이와 같이 외부의 힘에 의해서 남북 분단국가로 분할되고, 6·25전쟁이 일어나 400만 명(남북)의 사망자와 1000만 명의 이산가족이 발생했으며, 전 국토가 완전히 폐허가 되고 국민들의 생활은 더욱 비참하였다. 그래서 일본의 양심 있는 지식인들 중에서는 6·25전쟁의 비참한 전쟁에 대하여 일본의 식민지가 아니었다면 분단도 없었을 것이며, 한국의 전쟁도 없었을 것이라며 일본인으로서 속죄의식으로 받아들이지 않으면 안 된다고 하였다.

1950년 6월 6·25전쟁이 일어났을 당시 일본은 연합군의 점령 하에 있었다. 미국이 한국을 지원할 때 일본은 전선 기지로서 역할을 담당하였다. 일본인 노동자나 선원은 해상수송 하역, 병기의 정비 등에 동원되고 일본 적십자의 간호사는 국제 연합군의 간호사로 동원되었다.

6·25전쟁의 발발과 동시에 맥아더 장군은 자위대의 전신인 경찰예비대의 창설을 일본 정부에 지시하는 등 일본의 군국주의 부활의 계기가 되었다(1954년 7월 자위대 발족). 한편 일본은 연합군으로부터의 물자나 노역의 소요로 경제가 일어서게 되었다. 일본의 자본가들은 6·25전쟁이 '하늘에서 내린 자애로운 비昇天の 慈雨'로 비유하면서 기뻐했다.

그야말로 한국 전쟁은 패전의 무기력과 잿더미 위에서 경제를 일으키는 절호의 기회가 되어 일본 경제성장의 기반이 되었다.

1965년 6월 한국과 일본은 4년이나 끌어오면서 어렵게 한일 기본조약을 체결하였다. 그러나 한일 협정에 식민지 지배의 책임과 반성, 사죄에 대한 조문이 일체 없어 오늘날까지 두 나라사이의 갈등은 계속되었다.

1979년까지 집권한 박정희朴正熙 대통령은 일본의 경제협력을 이용하여 고속도로 등 각종 교통정비, 공업화 등 새마을운동을 통하여 조국 근대화에 온 국민과 함께 피땀을 흘려 경제발전을 실현시켰다. 이것을 '한강의 기적'이라고들 한다.

일본과의 경제 격차도 좁아지게 되었다. 무역규모도 1965년대 불과 2달러에 불과했던 것이, 2000년에는 500억 달러를 돌파하고, 2004년에는 724억 달러까지 늘어났다. 인적 교류 면에서도 국교 정상화 당시 연 1만여 명이던 왕래객이 하루 평균 1만 3000명(2007년도)으로 늘어났다.

이와 같이 한일 양국은 국교 정상화 이후 상호 교류를 확대하면서 무역 규모와 인적 교류 등은 비약적으로 발전되었다.

그러나 한일관계는 과거사의 굴레에서 자유롭지 못하였다. 일본의 천왕과 수상이 지난날의 '불행한 관계'를 유감으로 생각한다는 의사 표현을 몇 차례 하였다. 1995년 8월에는 당시의 무라야마 도미이찌村山富市 수상이 〈전후 50주년의 종전 기념일을 맞아〉라는 제하에 다음과 같은 담화를 발표하였다.

> 우리는 과거의 잘못을 두 번 다시 되풀이 되지 않도록 전쟁의 비극을 젊은 세대에게 선하지 않으면 안 된다. …(중략)… 지금 전후 50주년을 즈음하여 우리들이 명심할 것은 역사의 교훈을 배워 미래를 바라보고 인류사회의 평화와 번영의 길을 다르지 않게 하는 것입니다. 우리나라는 멀지 않은 과거 한 때에 잘못된 국책으로 전쟁에의 길을 걸어 국민을 존망의 위기에 빠뜨리고 식민지 지배와 침략에 의해서 많은 나라들 특히 아시아 제국의 사람들에 대해서 다대한 손해와 고통을 주었습니다. 의심의 여지가 없는 이 역사의 사실을 겸허히 받아드려 이 역사를 다시 한 번 '통절한 반성'의 뜻을 표하여 마음으로 사죄(오와비)의 마음을 표명 드립니다. 또한 이 역사가 끼친 내외 모두의 희생자에게 깊은 애도의 염을 드립니다.

무라야마 총리 담화는 가해국으로서 평화 추구를 위해 과거를 잊어서는 안 된다는 가치관을 가지고 식민지 지배에 일본이 가해국이었다는 것을 정직하게 인정한 것이었다.

특히 1998년 김대중 대통령과 일본의 오부치小淵惠三 수상은 한·일 파트너십 공동선언을 하면서 21세기를 위한 새로운 출발을 선언했고, 한일 신시대선언 및 한일 국민교류의 해 제정, 4차례에 걸친 일본 대중문화 개방으로 양국의 문화교류는 다양한 형태로 활발하게 진행되었다.

2002년 월드컵 공동개최를 계기로 젊은 세대의 한국관이 크게 호전되었다. 또 대중문화개방으로 문화교류가 확대되어 일본에서는 한국의 대중문화에 대한 관심을 갖게 되어 '한류 열풍'이 일어났다.

이와 같이 한일관계는 그 어느 때보다도 가장 우호적인 분위기였다. 그래서 2005년을 '한일 우정의 해'로 정하고 '나가자 미래로 함께로'라는 구호까지 제시하면서 미래지향적 한일관계를 구축하기 위해 다양한 교류행사를 준비하기도 하였다.

1995년 무라야마 도미이찌村山富市 총리의 담화와 1998년 문서화된 21세기의 새로운 한일 파트너십 공동선언으로 과거사 문제가 매듭지기를 기대했으며 이를 계기로 양국 관계가 더욱 우호 협력관계로 발전되기를 진심으로 바라왔다.

그러나 고이즈미小泉純一郎 정권의 야스쿠니 신사 참배문제 · 역사왜곡 · 독도문제 등으로 한일관계가 급변했다. 특히 고이즈미 총리는 퇴임을 앞두고 2005년 8월 15일 정략적으로 2차 대전 A급 전범들이 합사된 야스쿠니 신사를 참배하여 전쟁 피해자인 이웃 국가들을 무시하는 행동으로 일본사회의 충격과 우려는 물론 한국과 중국의 정상회담까지 중단되는 외교문제로까지 비화되어 '한일 우정의 해'는 무의미하게 흘러갔다.

고이즈미 총리 후임인 아베安倍晋三 역시 "위안부는 강제로 동원한 것이 아니다."라는 망언을 하여 우리를 더욱 분노케 하였으며 중국 · 미국 · 캐나다 · 독일 등 많은 국가들의 비판의 소리가 쏟아졌다.

이와 같이 일본은 광복 후 총리들의 진정성 없는 사과와 망언을 반복하였다. 숙명적으로 이웃하여 함께 살아가야 할 한국과 일본은 서로 어떻게 하는 것이 양국 관계개선은 물론 자국을 위한 길인가를 진정으로 고뇌와 성찰을 해야 한다.

6부

양식 있는 일본인과의 만남

양식 있는 지식인과의 만남

일본의 근대는 한국을 비롯하여 아시아 '침략의 시대'였다는 것은 누구도 부인 못할 것이다. 특히 일본은 한국을 강제 병합하여 35년간 가혹한 식민통치를 35년간 하였다. 전후 54년이 지난 지금까지 진정한 사죄와 반성은커녕 적반하장賊反荷杖으로 역사를 부정 왜곡하면서 망언만을 되풀이 해왔다. 그래서 많은 피해국의 국민들의 가슴을 아프게 하고 분노를 사게 했다.

이와 같이 일본에는 뉘우침도 없이 역사를 부정하고 망언을 일삼는 극우 세력들이 있는가하면 그들의 잘못을 강력하게 비판하는 양식 있는 지식인・학자・시민단체들이 많이 있다.

한반도 분단은 일본의 식민지였다는 사실에 기초하고 있으며, 일본의 패전과 직접적인 관계가 있다. 일본은 역사의 진실을 회피 못한다고 주장하는 도쿄대 명예교수 와다하루키和田春樹 씨, 노벨문학 수상자인 오에 겐자부로大江建三郎 씨, 새역모(왜곡교과서를 주도하고 있는 모임)에 대적한 '어린이와 교과서 전국 네트워크21'과 같은 시민단체, 다와라 요시후미俵義文 사무국장, 역사교육자 협의회 이시야마 히사오石山久男 사무국장, 교과서 진실 자유연락회 대표 하마바야시 마사오浜林正夫, 히도바시대학一橋大學 명예교수 등이 있다.

『신神의 나라 가라』의 저서에서 다카지마 노부요시高嶋伸欣 류큐琉球대학 교수는 "거짓말쟁이가 쓰고 거짓말쟁이가 선전하여 거짓말쟁이가 파는 교과서를 묵인할 정도로 일본사회가 우매하지는 않다. 차세대들이 지고 나갈 젊은이들 앞에서 행동으로 증명해 보일 것"이라고 하였고, 그것을 행동으로 보여주었다.

또 『일본의 전후 책임을 묻는다戰後責任論』의 한국어판 머리글에서 다카하시 데츠야 씨는 "침략전쟁과 식민지 지배에 대한 일본의 책임을 명확히 인정하는 것이 전후 일본인의 전쟁책임이고 21세기 동아시아 세계에 진정한 평화와 신뢰관계를 구축하기 위한 대전제라는 입장을 말하기 위해서"라고 했다.

나는 그동안 일본의 양식 있는 지식인들과 한일관계에 대해서 마음을 열고 대화를 나눈 적이 있다.

일본의 망언의 원형을 쓴 다카사키 소오지高崎宗司 교수, '일본인이 한국인의 입장이 된다면 과거사에 관한 망언을 할 수 없다'라는 글과 '일본 정치인의 입장이 된다면 과거사에 관한 망언을 할 수 없다'라는 글로 일본 정치인들을 통박한 마치다 미쯔구町田貢 일본 총영사, 재일 한국인을 위해 30년 넘게 활동하는 사토 노부유키씨左藤信行 씨 등을 만났다. 또 양심적인 지식인들이 쓴 많은 책을 통해서 그들의 밝은 마음도 읽을 수 있었다.

입장을 바꾸어 본다면

〈일본이 한국인의 입장이 된다면 과거사의 망언을 할 수 없다〉는 글은 일본의 외교관 마치다 미쯔구町田貢 씨가 마이니찌신문에 기고한 글이다. 그가 외교관 신분이라는 점에서 놀라지 않을 수 없었다.

나는 방송일로 부산에 내려가 잠시 머물고 있을 때 그가 근무하는 부산 총영사실에서 그를 만나 대화를 나눈 적이 있다. 처음 만났을 때 한국말로 너무 유창하게 구사하여 놀랐다. “어떻게 그렇게 한국말을 잘 하느냐.”고 물었더니 그는 또한 친절하게 “일본인으로서는 처음으로 한국어를 배웠다.”라고 했다. 그 당시 일본에서는 한국어를 배우는 사람이 없었기 때문에 주위에서 한국어를 배워서 무엇 하느냐고 비웃음과 멸시를 받아가면서 한국말을 배웠다고 하였다.

그리고 “현직 외교관으로 어떻게 마이니찌신문에 일본을 비판하는 글을 썼느냐?” 라고 묻자 그는 서슴없이 “일본 정치인들이 역사를 부정, 미화하는 발언으로 한일관계가 악화되는 것을 보고만 있을 수가 없어서 그 글을 쓰게 되었다.”라고 글 쓴 동기에 대해서 친절하게 설명해 주었다.

그는 덴리天理대학 외국어학부 조선어 학과를 졸업하고 외무성에 들어가 40년 넘게 한국과 인연을 가진 사람으로 일본 대사관 참사관, 부산 총영사관, 일본 대사관 문화원장 등을 역임한 인물로 퇴임 후에는 〈일본대사관에서 바라본 한국 한국인〉이라는 제목으로 반세기 동안 함께 한 한국 · 한국인에 대한 글을 쓰기도 하였다.

다음은 마이니찌신문에 그가 기고한 내용이다.

1995년 말, 우리(일본)정부 요인이 일본이 한국통치시대, 좋은 일도 했다는 취지의 발언을 하여 또 한 번 일 · 한 관계가 경색되었다. 일 · 한 국교 정상화 교섭이 시작된 후, 1953년 10월, 일본 측 수석대표의 구보다九保田 씨가 '일본의 한국 통치에는 플러스 면도 있었다'는 발언을 한 이래, '좋은 일도 했다'는 발언이 튀어나올 당시, 부산의 2개 대학에서 강연을 할 예정이었다. 그러나 이러한 분위기에서는 도저히 안 된다는 생각에 직전에 취소해 버렸다.

한국 관계를 담당하여 일 해온 지 35년이 되지만, 이러한 종류의 발언이 나올 때마다 양국 관계의 회복을 꾀하려 하는 한 사람으로서 이제 제발 그만둘 수 없을까 하는 생각이 간절하다. 일본인의 입장에서 한국 통치를 미화하는 발언이 되풀이되는 한, 일한日韓간의 신뢰 관계를 구축하는 것은 불가능하다. 그래서 제안하고 싶은 것은 일본 측도 한번 피해자의 입장이 되어서 생각해보면 어떨까 하는 것이다. 억지 주장이라고 할지 모르지만, 만약 우리 일본이 반대로 한국의 식민지 통치를 받고 있었다면 어떠했을까 하는 말이다.

예를 들어서 ① 한국이 일본을 통치한다. 물론 수상을 비롯하여 통치자들 모두 한국인이다. ② 일본어 사용을 금지시키고 언어는 모두 한국어로 한다. ③ 일본인의 성명도 모두 김 아무개, 이 아무개, 박 아무개 등의 한국식 이름으로 바꾼다. ④ 일본 역사 대신 한국의 역사를 내 나라의 역사로 배운다. ⑤ 한국 건국의 시조인 단군檀君을 신으로 섬기고 참배한다. 한국의 일본 통치에 반대하는 일본인을 살해, 또는 탄압한다. ⑥ 한국인의 진출에 의해서 일본 본토에서 토지를 빼앗긴 일본인이 시베리아 방면으로 쫓겨나 유랑생활을 한다. ⑦ 한국인은 태평양 전쟁 수행을 하기 위해서 일본인을 강제 연행, 강제 징용한다.

과거 우리나라가 한국 국민에게 가했던 행위는 조선 왕비 시해사건, 관동대지진 때의 한국인 대량 학살사건, 독립운동 탄압 등 헤아리자면 한이 없다. 우리들이 바로 피해자라면 어떠했을까?

한국 정부의 요인이 '한국은 일본에 학교를 세웠고, 철도와 항만을 만들어 주는 등 좋은 일도 했다' 고 말한다면, 우리는 그것을 받아들일 수 있을까?

전후 50년 일본은 어느 사이에 세계 대국의 하나로 부상했다. 대국 국민에 어울리는 괴롭힘을 당한 자의 아픔을 조금이라도 이해하려는 마음가짐을 가진다면, 일·한 양국의 골도 조금이나마 좁혀질 수 있으리라고 생각한다.

마치다 씨의 역지사시易地思之(처지를 바꾸어 생각함)의 정신이 일본의 여러 사람들의 가슴속에 전해졌으면 하는 마음이 간절하다.

재일 한인을 위한 30년 봉사

몇 년 전 도쿄에 들렀을 때 재일 한인을 위해서 30년 넘게 봉사하고 있다는 사토 노부유키佐藤信行 씨를 만나 대화 시간을 가진 적이 있다.

도쿄에 도착하자 다른 일은 뒤로 돌리고 그가 있다는 기독교회관을 찾아갔다. 마침 잠시 한국에서 와 있다는 박목사의 소개로 사토 씨와 대화를 나눌 수 있었다. 어떻게 일본인으로서 제일 한인을 위해서 30년이나 넘게 봉사를 할 수 있느냐고 묻자 그는 차별대우를 받고 있는 한인들을 보고 참을 수가 없어서 프론티어frontier 정신으로 뛰게 되었다고 하였다. 그는 친절하게 그동안의 어려움과 활동에 대해서 설명을 해주었다.

사토 씨는 그날도 국회에 가지고 갈 자료 준비에 바쁜 것 같았다. 책장에서 〈재일 한국, 조선인 연구〉라는 자료를 건네주면서 참고가 될 것이라고 하면서 국회에 갈 시간이 되어서 정말 죄송하다면서 자리를 떴다.

두툼한 서류 봉투를 들고 나가는 사토 씨의 뒷모습을 보면서 일본인 중에 저런 사람도 있는데 우리는 재일 교포들의 인권문제를 위해서 얼마나 관심을 가지고 노력을 하였는가를 뒤돌아보게 하였다.

현재 일본에는 60만 재일 한인들이 차별대우를 받으며 살고 있지만 고대에 일본으로 건너간 귀화인들은 선진문화를 가지고 들어가 귀빈적인 존재였다. 또한 중세 임진왜란 때에 끌려간 많은 도공이나 기술자들은 조선시대의 미천한 신분이었지만 일본에서 벼슬을 부여받아가며 문화와 기술을 일본에 전수하였기 때문에 차별 아닌 대접을 받는 사람들이었다.

그러나 현재 일본에 살고 있는 한인들은 대부분 일제 식민지 때 전시 노동에 동원된 사람들이다. 지금은 약 60만 명의 한인 교포들이 살고 있지만 1945년의 일본 패전시에는 약 240만 명에 달했다. 현재 살고 있는 한인들은 일본의 식민지지배의 차별과 억압으로 고통스럽게 살아온 사람들이며 그 후손들로 국제법상 정당한 보호받을 권리를 가진 외국인이고, 독립국가의 재외공민이라는 법적지위가 있다. 그러함에도 한인들에 대한 차별은 여전하다.

재류권(완전 거주권), 취직이나 영업상의 차별과 제한, 각종 사회보장, 지방참정권, 외국 등록법 등에 의한 탄압 등 생활 기반이 일본에 거주하는 영주권자인데도 재일 교포들은 외국에 나갔다가 들어올 때 반드시 '재입국 허가'를 받아야한다.

나는 그들과의 대화에서 재일 동포사회에서 큰 고민이 취직과 결혼문제라는 사실도 알게 되었고 재일 동포사회에서 본명(한국인 성)과 통성(일본인의 성)이라는 두 가지 이름을 함께 사용하여야 하는 까닭도 알게 되었다.

1923년 9월 1일 관동關東 대지진 때에는 거짓된 '유언비어'를 퍼트려 군대·경찰·재경단에 의해서 무고한 조선인 6,000명이 넘는 조선인을 학살한 사건이 있었다. 그런데 일본 정부는 지금까지 그 사건에 대하여 일체 조사활동도 않고 사죄 한마디도 없었다. 그래서 일본 변호사 연합회는 2003년 8월 25일 관동대지진에 대해서 '허위사실'을 흘려 조선인을 학살시켰다는 조사결과를 정리하여 일본 정부가 그 책임을 인정하고 사죄를 구하라는 권고서를 고이지미 수상(당시)에게 제출했다고 한다.

또 최근에는 일본 정치권이 재일 동포 차별의 상징이었던 '외국인 등록증 휴대 의무'를 폐지하기로 하였다고 한다(2009년 5월). 그 동안 재일 동포들은 세금 납부 등 일본 사회의 의무를 다 하면서 국적이 일본이 아니라는 이유로 차별대우를 받아왔었다.

일본은 재일 한국인의 형성과정과 불행했던 역사적 사실을 올바로 알고 교훈삼아 더 이상 재일 한국인에 대한 차별이 없도록 시정해 가야 할 것이다. 재일 한국인을 위해 평생 봉사하고 있는 노부유키 씨를 비롯해 많은 사람들의 희생적 노력이 헛되지 않기를 거듭 기원한다.

일본인이 본 망언의 원형

『망언의 원형妄言の原形』을 쓴 다카사키 소오지高崎宗司 교수는 1944년 이바라키현茨城縣에서 출생하여 도쿄교육대학 문학부 사학과에서 일본사를 전공하고 현재 쓰다대학津田大學 학예 학부 국제 관계학과 교수로 재직 중이다. 세부 전공은 근현대 일조日朝관계사로, 주된 저서로는 『조선의 흙이 된 일본인－아사까와淺川의 생애』, 『망언의 원형－일본인의 조선관』, 『반일감정－한국, 조선인과 일본』 등이 있다. 그리고 일본의 과거사에 대해 국회가 사죄 결의할 것을 국민서명 운동으로 요구한 바 있다.

다카사키 교수에 대해서 특별한 관심을 갖게 된 것은 그가 쓴 반일감정이라는 책을 통해서이다. 일본 정치 지도자들이 한국에 저지른 과거사에 대하여 조금도 뉘우침이 없고, 오히려 엉뚱한 망언들을 주기적으로 늘어놓아 한국인들의 감정을 상하게 하는 처사들을 저지르고 있는 상황에서, 다카사키 교수는 인간의 양심과 소신을 굽히지 않고 왕성한 저서활동을 통해서 일본이 과거의 잘못을 뉘우치고 사과와 보상을 해야 된다고 주장하는 교수 중의 한 사람이다.

나는 1996년 4월 도쿄에서 다카사키 교수와 만나 오랜 시간 대화를 나눈 적이 있다. 그는 만나자 자기의 저서 『망언의 원형妄言の原形』에 서명하여 기념으로 주었다. 그가 쓴 반일감정, 일본인은 말 못한다, 망언의 원형 등 한 · 일 관계에 대해서 대화를 나누면서 그는 『반일감정, 일본인은 말 못한다』를 쓴 목적에 대해서 우선 일본인은 한국인의 마음을 이해할 필요가 있다는 것을 일깨우는 데 있다고 했다. 반일감정이 지속되고 있는 여러 가지 원인을 끌어내어 조선민족의 '반일감정'이 정당한 근거가 있다는 것을 분명히 하고자 하는데 있다고 하였다.

그는 또 그의 저서 『망언의 원형』의 머리글에서 1. 근대 일본의 지식인은 조선을 어떻게 보고 있는가, 2. 그러한 조선관은 어떻게 형성되었는가, 3. 그러한 조선관이 어떻게 평가되고 있는가 등의 소주제로 제시하고 있다. 궁극적으로는 이 책이 독자에게 조선을 생각하는데 조금이라도 도움이 되기를 원한다고 하였다.

그리고 그는 마무리 글에서 다음과 같이 결론을 짓는다.

> 조선을 이해하는데 노력을 하고 행동을 해야 된다. 그리고 망언의 뿌리를 끊는 것이 필요하다. 나는 동료들과 같이 국회가 일본의 조선 식민지 지배에 사죄 결의할 것을 국민 서명운동으로 요구하고 있다. 한일 합병으로부터 80년, 일한조약으로부터 25주년을 맞이하는 금년이 기회이다. 서명운동에 참가해 주면 좋겠다. (1990. 6. 1)

다카사키 교수는 〈일본 망언의 계보〉에서 그 근본적인 원인을 다음과 같이 분석하고 있다.

> 일본인들은 아직도 과거사를 올바르게 인식하여 진정으로 반성하지 않고 있기 때문에 그런 망언을 서슴지 않고 있다는 것이다. 일본의 망언을 살펴보면 한일 합방조약은 양국 간의

합의에 의하여 체결되었고, 일본은 한국에서 좋은 일도 했으며, 나쁜 짓은 일본만이 한 것이 아니라는 세 가지 공통점을 발견할 수 있다.

그리고 망언의 뿌리가 어디에 있는지 살펴보면 그것은 일본 개화의 선구자격인 후쿠자와 유치키福澤諭吉라고 그는 단정한다.

후쿠자와는 김옥균金玉均 등 한국의 개화파 인사들과 교류하면서 표면적으로는 선린적인 한국관을 나타냈지만, 일본의 한국 식민지배를 정당화하는 시각을 기본적으로 갖고 있었다는 것이다. 그래서 한국을 멸시하던 후쿠자와의 논리는 일본 관료들에게도 그대로 스며들었다는 것이다.

나는 다카사키 교수와의 대화를 통해서, 또 그의 저서를 통해서 한국인보다도 일본이 더욱 폭넓고 깊이 있게 사실에 입각한 사건들을 체계적이고 논리정연하게 정리하고 있다는 것에 감명을 받았다. 그리고 양심적이고도 올바른 견해를 소신 있게 밝힌 다카사키 교수와 같이 일본에도 양심적인 지식인이 있다는 사실을 중시하고자 한다. 우리가 자료를 수집하고 체계 있게 정리하고 연구해야 할 방대한 내용을 일본인 교수가 밝히고 있다는 것에 부끄럽기까지 했다. “한국인 중에서는 일본에 대해서 체계적으로 연구를 하는 사람이 없는 것 같다.”라는 다카사키 교수의 말을 깊이 되새겨 보아야 할 것이다.

‘위안부’ 폭로한 일본인

‘새역모’(새로운 역사교과서를 만드는 모임)는 성노예로서의 ‘위안부는 없었다’고 말하고 위안부는 자발적으로 돈을 벌려고 간 사람들이었고, 강제적인 착취를 당한 것이 아니라 제대로 된 금전적 수입을 얻은 ‘공창’이었다는 것이다. 또 2차 대전 중 종군위안부로 일했던 여성의 대부분이 일본군이 아닌 한국과 중국 등의 포주들에 의해서 동원되었다고 했다(1997년 2월 시무라 요시노부 문부상의 망언).

태평양전쟁 중 정신대 강제연행 책임자이었다는 요시다 세이지吉田清治 씨는 군국주의 일본이 한국인 위안부 강제 연행은 20세기 최대의 국가 범죄였다고 털어놓고 사죄한 바 있다.

그는 한 인터뷰에서 “20만 명의 부녀자를 노예사냥처럼 체포해 전쟁에 몰아넣고 패전 후 사지에 버려둔 채 철수한 행위가 유태인을 가스실에 가두어 집단학살한 나치스 범죄와 무엇이 다른가?”라고 반문했다.

그는 또 1943년 한국인 강제연행 목적으로 일제가 만든 노무보국회 야마구치현山口縣 본부 동원부장으로 있을 때 한국인 징용자 5,000명, 종군위안부 1,000명

이상을 직접 연행했다고 털어놓았다. 요시다 씨는 당시 일본정부가 정신대 '모집'에 관여했었다는 미야자와宮澤喜一 총리의 언급에 대해 그것은 "모집이 아니라 노예사냥보다 더한 체포・구금이었다."라고 단언했다.

1914년 후쿠오카현福岡縣에서 출생한 그는 일본의 괴뢰정권이었던 만주국 관리를 지냈고, 중국 남경南京과 한구漢口에서 장교대우 근무원으로 일한 경력이 있어 야마구치현 노무보국회 동원부장으로 발탁되었다. 당시에는 한국인 징용자와 정신대 강제연행이 국가를 위한 일이라고 생각하여 언제나 목표초과에 진력했으며 연행지는 주로 영남・호남・제주도 지역이라고 하였다. 그는 나이가 들면서 옛일에 양심의 가책을 느끼기 시작했다는 자신의 범죄행위를 참회하는 수기 수필을 계기로 사죄운동을 벌였으며, 『나의 전쟁범죄』라는 고백록의 인세로 천안 '만향의 동산'에 사죄비를 세우기도 하였다(1992.1 한국일보 특파원 보고서).

또 한 일본 노인이 제2차 세계대전에 참전한 군인으로는 처음으로 한국에서 종군위안부 참상과 일본의 만행을 증언했다. 주인공은 1940년부터 5년 10개월간 중국 일대에서 참전한 구보타 데쓰지久保田哲二이다. 전 일본군 상사 구보타 씨는 '정신대 할머니와 함께 하는 시민모임'이 대구에서 열린 '남경대학살 참전 일본군인 증언강연회'에서 자신의 체험과 목격담을 털어놓았다(2001.11.26 중앙일보).

2차 대전 때 일본군 중국 산동성에서 기관총 사수로 복무했던 가네코 야스키라는 1980대 후반 노인이 TV 도쿄와의 인터뷰에서 "나의 동료들이 부대 인근 마을을 돌며 여성들을 납치했다."며 일본의 강제 동원 사실을 증언했다. 야스키 씨는 "당시 위안부들은 처참한 상황이었고 우리가 저지른 일을 부정할 수는 없다."면서 "강제성 여부를 따지는 것은 우스운 일이며 일본정부는 하루빨리 진심으로 사죄하고 참회하길 바란다."라고 했다(2007.3.12 조선일보).

이와 같이 군 위안부 강제연행에 관여했던 사람들이 양심의 가책을 느껴 자신들의 행위에 대해 참회와 고백을 하고 있으며 위안부 강제 동원을 뒷받침하는 자료는 여러 곳에 존재하고 있다.

1993년 8월 4일에는 고노 요에이河野洋平 당시 관방장관이 제2차 세계대전 중 종군위안부 동원에 "구 일본군이 직접 또는 간접으로 관여했다."라는 점을 인정하고 "몸과 마음에 치유하기 힘든 상처를 입은 모든 분들에게 마음으로부터 사과와 반성"을 표시한 바 있다.

그런데도 아베 신조 총리는 "일본군이 강제 동원한 적이 없으며 책임이 없다." 고 주장하여 한국·중국을 비롯한 많은 주변국들의 비판은 물론 피해 관련국들의 연대투쟁의 대상이 되었으며, 급기야는 일본과 가장 가까운 우방국인 미국 하원에서 '군위안부 결의안'을 만장일치로 통과시켰다. 위안부 결의안은 미국뿐 아니라 캐나다, 네덜란드·유럽 27개국이 가입한 유럽연합(EU)까지 통과시키는 사태까지 갔다.

그리고 유엔인권위원회가 일본 정부에 종군위안부 문제의 법적 책임을 인정하고 사죄하라고 권고했다(2008.10).

특히 눈길을 끄는 것은 이 결의를 주도한 일본계 3세인 마이크 혼다 의원의 일관된 생각이다. 그는 한 인터뷰에서 "일본 같은 민주주의 국가라면 과거의 잘못을 인정하는 게 성숙한 처신"이라며 "아시아 국가들이 과거 문제를 화해和解하게 되면 미래에 더 공고한 관계를 가질 수 있을 것"이라고 하였다. 그는 자기 아버지의 모국인 일본이 화해로 바른 길을 걷기를 바라는 깊은 뜻이 아닌가 싶다.

왜곡 역사교과서 거부한 지식인들

거짓말쟁이가 쓰고, 거짓말쟁이가 선전하여, 거짓말쟁이가 파는 교과서를 묵인할 정도로 일본 사회가 우매하지는 않다. 차세대를 지고 나갈 젊은이들 앞에서 우리는 행동으로써 증명해 보일 것이다.

이는 『신神의 나라는 가라』라는 저서에서 일본의 다카시마 노부요시高嶋伸欣 류큐琉球대학 교수가 한 말이다.

일본 정부는 한국 정부의 역사 교과서 재수정 요구에 대하여 재수정 불가를 밝혔다. 우파 언론, 지식인들이 '내정간섭 반대'를 외치고, '새 역사교과서를 만드는 모임' 측은 역사 교과서가 일선 현장에서 더 많이 채택되도록 하는 데 온갖 힘을 기울였다. 이런 와중에서 채택권을 쥔 학부모 · 교사 · 교육위원들과 일본 내 많은 시민 단체들, 그리고 사회 각계 인사들이 '모임교과서' 반대운동을 벌렸다.

시민단체 '어린이와 교과서 전국네트21'의 사무국장을 맡고 있는 다와라 요시후미俵義文 씨, 역사교육자협의회 이시야마 히사오石山久男 사무국장, '교과서 진실과 자유연락회' 대표 하마바야시 마사오浜林正夫, 히도바시 대학一橋大學 명예교수 등은 시민단체의 삼두마차로 불리고 있다.

이들은 각종 집화와 강연회 기자 회견 등의 연사로 활동하며, 모임교과서의 부당성을 비판하는 데 앞장선다. 그리고 모임 측이 신청한 교과서는 물론 기존 7개 교과서 검정본도 전부 입수하여 분석하고, 그 내용을 공개하였다(9월 12일). 그래서 만드는 모임의 교과서가 얼마나 왜곡된 내용을 담고 있으며 기존의 7개 교과서에서 '종군위안부'와 '침략'이라는 용어가 사라졌거나 축소되었다는 사실을 밝혀냈다.

그런가 하면 12월 15일에는 889명의 역사학자와 역사교육자들이 '사실을 왜곡하는 교과서에 역사 교육을 맡길 수 없다'는 성명을 발표했다. 같은 달 27일에는 와다 하루키和田春樹 도쿄대 명예교수, 아라이 신이치荒井信一 일본의 전쟁책임 자료센터 대표, 미키 무쓰코三木睦子 전 총리 부인 등 지식인 16명이 '일본의 모습을 그르치는 역사 교과서에 반대하는 성명'을 발표하였다. 3월 2일에는 군인으로 전쟁에 참여했다가 일본의 패전을 맞아 중국에서 포로가 됐던 70대 노인들이 중심이 되어 기자 회견을 가졌다. 3월 13일에는 일본의 역사학회 등 8개 단체가 연명으로 성명서를 발표하였다. "무라야마村山 총리가 아시아 국가들에 식민지배를 사과한 것은 국제 공약이며 모임의 교과서는 이 공약을 깨뜨리고 있다."라고 비판했다.

3월 16일에는 노벨문학상 수상자 오에 겐자부로大江健三郎를 비롯하여 사카모토 요시카즈坂本義和 도쿄대 교수, 쇼지쓰토무東海林勳 일본 기도교단 목사 등 17명이 합동 기자회견을 갖고, 가해자로서의 일본에 대한 기술을 후퇴시킨 역사 교과서를 우려하면서, 모임 교과서는 불합격시켜야 한다고 주장하였다.

그러나 문부과학성은 검정을 통과시켰다. 일본의 양식 있는 지식인 학자 · 학부모 · 시민단체들은 왜곡된 교과서 채택 반대 운동을 전개하였다. 채택 반대 운동은

날이 갈수록 일본 전국에 확산되어 일본의 풀뿌리 양심이 살아있음을 보여주었다. 1986년 제2차 교과서 파동 때에도 왜곡 교과서가 거의 채택되지 않도록 막아 준 것도 일본의 풀뿌리 양심이었다.

그런데 8월 7일 처음으로 도쿄도 교육위원회가 도쿄도내 26개 특수교 도립 24개 양호중학교와 2개 분교에서 왜곡교과서를 사용하기도 했다. 전국 공립학교 채택 지구 가운데 처음으로 이 왜곡교과서를 채택했던 도치기현 시모쓰가下都賀에서는 재심의를 통해 채택을 취소한 바 있다.

그러나 특수학교의 경우 일반학교와 달리 교육위원회가 직접 교과서를 결정한다. 도쿄는 일본의 극우파 인사로 왜곡교과서를 지지해 온 이시하라 신타로石原愼太郎가 지사를 맡고 있어, 애초부터 채택 가능성이 매우 높은 곳이기도 하다.

장애학교에서 새 역사 모임 교과서를 채택하게 되자 학부모들이 도쿄도청에 항의하는 등 일본 전역에서 비난의 여론이 높아졌다. 오에 겐자부로大江健三郎는 NHK와의 대담에서 분노에 찬 목소리를 높였다. 이번 결정은 권력을 갖고 있는 사람들이 만들어 낸 합작품이며, 장애인에 대한 교육적 배려가 전혀 없으며, 장애 어린이는 건강한 사람보다 공부하기가 힘들고 교육비도 더 들어가는 점을 감안하면 교과서 채택에 영향을 행사한 도쿄도 지사는 국제적 감각도 떨어지는 인물이라며 비판하였다.

역사교과서 채택 마감일인 8월 15일 채택 결과는 12,000개교 중 13개교(장애특수학교)가 채택하여 '우익 만드는 모임'이 10%의 채택률을 장담했으나, 일본의 지식인·학부모·시민단체의 채택거부운동으로 0.1%, 사실상 0%의 결과로 끝났다. 다카시마 교수의 말처럼 일본 사회가 우매하지 않다는 것을 행동으로 증명해 보인 것이다.

독도 영유권 주장은 억지

일본의 영토 분쟁은 한국의 독도를 둘러싼 분쟁뿐 아니라 러시아 북방 4개 섬문제와 함께 중국, 대만과도 작은 바위섬인 댜오위다오釣魚臺를 놓고 분쟁을 계속하고 있다.

최근 일본은 또 초·중·고 교과서 해설서와 외교청서靑書에 독도는 역사적으로나 국제법상으로나 일본의 고유영토인데 한국이 불법점거하고 있다는 내용을 싣고, 국경을 나타내는 지도에서 독도를 일본 영토로 포함시키고 있어 한일 간에 파장을 일으키고 있다.

독자들의 바른 이해를 위해 독도는 어떤 섬이며 역사 속에 나타난 독도와 일본의 양식 있는 지식인들의 일본을 비판하는 소리를 살펴본다.

독도는 아름다운 화산섬이다. 백두에서 한라까지 용암 분출로 이루어진 흔적이 뚜렷하듯이 독도는 울릉도와 함께 화산 분출로 탄생한 섬이다.(동도와 서도의 두 섬으로 이루어짐) 독도는 우리나라 가장 동쪽에 위치한 섬으로 울릉도로부터 87.4km떨어져 있다. 일본에서는 시마네현 오키섬에서 160km 떨어져 있어 거리상으로 비교가 되지 않는다. 독도의 현 주소는 경상북도 울릉군 울릉읍 독도리 산1~산37번지 우편번호 799-805이다.

그렇다면 독도는 역사적으로 볼 때 어떤 나라 땅인가?

일본이 고작 17세기인 1618년 도쿠가와 막부의 '도해면허'(어업면허)를 들면서 독도가 자기네 땅이라는 역사적 사실을 제시하고 있지만 '도해면허'는 외국에 건너가는 허가장이었고 오늘날의 여권과 같은 것이다. 따라서 도해면허의 대상지인 울릉도와 독도는 일본 영토가 아니라 외국임을 증명할 뿐이다.

우리의 역사에는 이미 1500년 전인 신라시대부터 독도에 관련한 서술이 나오고 있다. 신라의 이사부異斯夫가 우산국于山國을 병합한 서기 512년부터 역사적, 지리적으로 또 국제법적 지위와 실효적 점유의 모든 면에서 완전 무결한 대한민국의 고유의 영토로 분쟁의 대상이 될 수 없다.

최근 일본의 양심적인 지식인 사회에서도 '일본의 독도 영유권 주장은 억지'라는 비판의 소리가 나오고 있으며, 일본이 독도를 한국 영토로 사실상 인정하는 법령을 만들어 공포했다는 사실이 드러나고 있다.

일본의 역사학자 나이토 세이추內藤正中 시마네대학 명예교수는 일본 외무성의 '독도 영유권 주장'을 반박한 책자 『일본 외무성의 다케시마竹島 비판서』를 출간했다. 그는 "일본 외무성은 역사적 근거를 전혀 제시하지 못하면서 독도를 일본 고유 영토라고 억지 주장만 하고 있다."며 "일본의 명예 회복을 위해 책을 펴냈다."라고 밝혔다.(2008.02.15 조선일보).

나이토 교수는 "일본이 독도의 존재를 알게 된 것은 1695년 에도시대에 막부정부와 돗토리번의 교류에서였다며 그 이전인 17세기 전반기에 독도 영유권을 확보했다는 외무성의 주장은 모순"이라고 주장했다. 또 1695년 12월에도 에도 막부와 돗토리번 사이에 독도 논의가 있었으나 에도 정부는 독도가 일본령이 아니라는 결론을 내렸으며, 1877년 메이지 시대에도 일본 정부는 조사한 뒤 '독도는 일본과는 무관한 섬'이라고 결정했다는 것이다. 나이토 교수는 이런 역사를 보면서 외무성의 주장은 앞뒤가 안 맞는다고 비판하고 있다(2008.10.29 중앙일보).

그런가 하면 일본의 독도 편입은 부당하다면서 한국에 넘겨줘야 한다고 주장하는 양심적인 지식인 교수들이 늘어가고 있다.

일본의 근현대사 연구자인 다카사키 소지高崎宗司 쓰다주쿠대 교수는 1904년까지 조선은 독도가 한국령이라는 인식을 하고 있었다면서 "그것을 알면서도 일본정부는 일방적으로 일본령으로 편입했다."라고 주장하면서 당시 일본측의 부당행위를 구체적으로 지적하였다.

그 뿐만 아니라 일본이 독도를 한국 영토로 사실상 인정하는 법령을 2개나 만들어 공포했다는 사실이 드러났다. 1951년 '총리부령 24호'와 '대장성령 4호'는 독도를 울릉도 · 제주도와 함께 일본의 부속 도서에서 제외한다고 명기하고 있다(2009.1.5 조선일보). 그 외에 독도를 일본 영토에서 제외한 19세기 후반 일본지도가 새로 발견되었다(동북아 역사재단 2009.12.31 조선일보).

이와 같이 '독도는 일본 땅이 아니다'라는 일본의 자료가 쏟아져 나오고 있다.

한국을 사랑한다는 일본인 호사카유지保坂祐二 교수는 '다케시마竹島(독도의 일본명)는 역사적으로 국제적으로 분명히 일본 땅'이라는 마술 같은 속임수로 논리를 만들어 놓고 세계 각국의 지도 제작 회사에 끊임없이 홍보해 왔고 인터넷 사이트에도 올려 계속 명문화 시키고 있다면서 거짓말도 자꾸 들으면 참말처럼 들린다면서 일본에 절대로 당하지 말라고 충고하고 있다.

일본은 치밀하게 계산되고 완벽한 시나리오에 의해서 움직이고 본심을 보이지 않고 겉으로만 보이기 위한 얼굴이 있다면서 한국은 자신들의 입장만을 주장하고 상대를 연구하는 노력을 소홀히 하고 있다면서 일본을 철저히 연구하라는 말도 잊지 않고 있다.

7부

밝은 내일을 위하여

새로운 한일관계의 모색

한 · 일 교류의 가교가 된 역사적 인물

한국인과의 교류를 생각하며

일본인 여러분께 꼭 전하고 싶은 말

진정한 극일을 위하여

일본인 교회에서의 기도

새로운 한일관계의 모색

한일 간에는 경제 · 사회 · 문화 · 인적 교류 등 괄목할 만큼 폭 넓게 이루어졌다. 그러나 안타깝게도 역사의 후유증은 광복 64년이 지난 지금까지 양국의 발목을 잡고 있다. 일본은 새 정권이 바뀔 때마다 '새로운 한일관계'를 강조한다.

하토야마鳩山 총리는 2009년 9월 23일 미국 뉴욕에서 한국의 이명박 대통령과의 취임 후 첫 한일 정상회담에서 "일본의 새 정부는 역사를 직시할 용기를 갖고 있으며 건설적이고 미래지형적인 한일관계를 만들어 가고 싶다."라고 하였다.

이 대통령은 "새로운 한일관계를 만들어 갈 준비가 돼있다."라고 했다. 그러나 하토야마는 취임 8개월 만에 총리자리에서 물러났고 그 후임에 간 나오토管直人가 새 총리가 되었다.

양국관계 개선을 바라는 양국국민들은 54년 만에 바뀌 새 정권에 많은 기대를 걸었다. 왜냐하면 고이즈미 정권과 그 후임인 아베 정권에서 한일관계가 최악이었다. 그들은 겉으로는 사죄를 하고 뒤로는 우경화 주도세력과 우파지식인 보수, 언론사 등과 하나가 되어 과거의 잘못을 뉘우치기보다는 역사를 왜곡 부정하면서 실언과 망언을 반복해 왔기 때문이다.

『역사 화해는 가능한가?』의 저자 일본의 아라이 신이치荒井信一 교수는 '역사화해'란 상처받은 사람들의 마음을 치유하고 세계를 평화적으로 재결합하는 일이 무엇보다도 중요한 목적이라고 하면서 침략과 과거의 사실을 '옛 상처' 전후의 반성과 사죄의 결여를 '새 상처'라고 했다. 그러면서 정치인의 '실언과 망언'이 화해를 위한 노력에 찬물을 끼얹었다고 했다.

또 『전후 화해』의 저자 고즈께 노부꼬小菅信子가 쓴 종장의 〈전쟁 정당화는 불가능〉에서 "지난 것을 물에 흘린다는 것"은 전쟁에 관한한 미덕이 아니다. "평화를 위하여 과거를 잊지 않는 것이 미덕"이라고 하면서 독일의 바이츠제크 대통령의 연설을 소개하고 있다.

제2차 세계대전 때 일본과 같은 길을 걸었던 독일은 일본과는 달리 모범적인 과거 청산을 보여주었다. 독일의 빌리브란트Willy Brandt 수상은 1970년 폴란드 바르샤바의 유태인 유령비 앞에서 비를 맞으며 무릎을 꿇고 사죄하였다. 바이츠제크L Von WeiezSacker 대통령은 1985년 〈황야의 40년〉이란 역사적 연설에서 눈을 감는 것은 결국 현재에 맹목盲目이 된다고 하면서 독일인 전체의 책임을 인정하였다.

그러나 같은해 일본의 나카소네中曾根康 수상은 '전후 정치의 총 결산'을 내세우며 7인의 전범이 합사 되어 있는 야스쿠니신사를 공식 참배하는 등 제2차 세계대전 후 정치가들은 전쟁에 대한 책임을 인정하지 않았다.

독일인들의 과거 반성은 전후 64년이 지난 지금까지도 피해자들에 대한 사과와 배상을 계속하고 있다. 독일의 이러한 노력이 주변 국가와 화해를 이루어 냈고 유럽연합EU으로의 통합을 가능하게 했으며 독일은 프랑스와 함께 유럽연합의 중추세력이 되어서 서로 돕고 협력하고 있다.

파리 정치학원의 드파르주Defarges 교수는 『회개와 화해』라는 저서에서 '회개와 화해의 세계화'라고 불러야 할 사태가 진행되고 있다고 했다. 그러면서 '거절된 회개의 장'에서 회개가 요구되고 있음에도 불구하고 회개를 거부하는 두 국가를 소개하고 있다. 그중 하나는 터키이고 또 하나는 일본이라고 하면서, 일본은 과거 아시아에 대한 침략과 식민지 지배에 대하여 아직도 명확히 판단을 내리지 않고 있다면서 과거의 만행에 대한 구체적인 예를 들고 있다. 그러면서 "일본은 왜 회개하지 않고 지극히 애매한 태도를 취하고 있는가."라고 꾸짖고 있다.

『일본의 전후 책임을 묻는다』의 저자 다카하시 데츠야高橋哲哉 교수는 한국어판 머리글에서 일본은 "침략을 인정하고 식민지 지배를 인정하여, 그것들이 잘못이었다는 명확한 판단(심판)을 내리고 회계와 법적 책임을 이행하는 것이야말로 '새로운 천년기'의 시작을 맞이하여 동아시아 국가들과의 진정한 화해를 이룰 수 있는 최소한의 조건이라면서 지금 일본에 요구되는 것은 다름 아닌 회개"라고 하였다.

일본이 진정으로 양국관계 개선과 우호증진을 위하고 새로운 한일관계를 열어가고자 한다면 말보다는 진실한 행동을 보여줘 신뢰를 회복해야 한다. "일본인은 아시아에서 리더십을 갖기는커녕 고립되고 있다."라는 어느 일본인 학자의 말이다. 또 노벨상 수상작가 오에 겐자부로는 "역사를 정직하게 보는 것은 일본인이 아시아에서 어떻게 살아가야 하는지에 대한 분별 있는 태도와 관련된 숙제"라고 했다. 거듭 말한 건데 일본은 마음을 열고 국제여론은 물론 양식있는 지식인들의 비판과 충고에 귀를 기울여야 한다.

2010년은 한국, 일본 모두에게 매우 의미 있는 해다. 5월 10일에는 한일 지식인 214명(한국 109명, 일본 105명)의 공동선언이 있었다. 100년 전 1910년 한일 강제병합조약은 원천 무효 선언했다. 도쿄와 서울에서 동시에 발표했다. 두 나라 지식인들은 한일 병합 100년을 맞아 올해를 양국관계 개선전환의 기회로 삼고자 했다. 피해자와 가해자로 나뉜 지난 100년의 갈등을 넘어 상생의 새로운 100년을 열어가자는 역사의 진실이 담긴 공동선언 정신을 살려 과거 극복을 위한 기회로 삼아야 할 것이다.

새로운 한일관계는 말로만 강조하는 것이 아니라 행동을 보여줘야 하는 것이다.

한·일 교류의 가교가 된 역사적 인물

한일 상호 이해와 교류에 노력하거나 그 기초가 된 역사적 인물들이 있다.

선린 우호의 성신誠信사상을 부르짖은 조선 외교관을 담당했던 에도戶江 시대의 외교관 아메노모리 호슈雨森芳洲, 아리타야키有田燒의 기초를 쌓은 조선의 도공 이삼평李參平, 3·1 독립운동 탄압을 강하게 비판하고 한국의 예술에 깊은 관심을 가졌던 야나기 부네요시柳宗悅, 한국이 좋아 한국인을 사랑하고 한국의 산과 민예民藝 사랑운동을 하여 조선의 흙이 된 아사카와 다꾸미淺川巧, 목포의 공생원에서 3,000여 명의 고아를 위해 평생을 바친 복지가 다우치 지스코田內千鶴子, 한국보육원에서 30여 년간 1000여 명의 고아를 길러낸 소다 가이치옹曾田茄伊智 등이 있다.

그러데 색다른 인물이 있어 우리의 눈길을 끌고 있다. 그는 다름 아닌 이등박문伊藤博文을 저난한 안중근安重根 의사와 민족 저항 시인 윤동주尹東柱를 일본 지식인 사회에서 새로우 평가하고, 그들의 세계를 공유하는 운동을 벌이는 모임이다.

우선 안중근 의사는 일본에서 테러리스트로 평가받고 있었지만 그는 단순한 테러리스트가 아닌 것이다. 안 의사의 논리에 의하면 서구 열강의 아시아진출

속에서 조선 · 일본 · 중국의 민족은 평화를 위해서 단결하지 않으면 안 되기 때문에 우방인 조선과 중국을 침략, 억압하는 이등박문의 일본 정부에 참지 못하고 의거를 감행한 것이다. 그래서 일본에서는 암살자로 처형을 하였으나, 한국에서는 민족독립의사로 추앙 받고 있는 것이다. 양 국민의 시각에 따라 이론은 있지만 안 의사는 처형 후 안 의사의 간수로 있던 헌병 지바도시치千葉十七와의 교류로 우정이 밝혀지고 안 의사의 간방에서나 법정에서의 진술과 태도가 지바 씨에게 '흉악범죄자 안중근'이라는 고정관념은 깨져 없어지고 끝에는 두 사람 사이에 굳은 우정이 생기게 된 것이다. 그래서 그 우정은 유족이나 관계자에게까지 받아지게 되어 시공을 초월해서 한일 교류의 가교 역할이 된 것이다.

안중근 의사는 1879년 황해도 해주에서 명문 양반의 집에서 3남 1녀 중 장남으로 태어났다. 한학을 하고 프랑스 신부로부터 프랑스어를 배웠다. 유년기에는 산야를 뛰어다니는 것을 좋아하고 엽총의 명수였다.

1889년 결혼하여 2남 1녀를 두고 1895년에 천주교에 입신했다. 일본의 한국의 외교권을 박탈한 1905년 11월의 한일 을사보호조약의 체결에 민족의식에 눈 떠 애국계몽운동에 참가, 상해에 외유하여 견문을 넓히고 진남포에 이주하여 학교를 설립하고 국책보상운동에도 참가했다.

일한협약으로 한국 황제가 퇴위하고 한국군이 해산되었다는 소식을 듣고 연해주로 망명, 의병활동에 참가했다. 1909년 1월에는 동지 12명과 '단지동맹斷指同盟'을 결성하여 왼손의 약손가락을 자르고 피로 태극기에 대한독립이라고 쓴 후 만세삼창을 하고 항일구국 투쟁으로 죽을 것을 결의했다. 그 후 안 의사는 이등박문이 하얼빈을 방문한다는 소식을 듣고 그를 살해할 것을 결의 1909년 10월 26일의 아침 하얼빈 역두에서 이등박문 암살을 결행한 것이다. 현장에서 체포된 안 의사는 하얼빈의 총영사관에서 여순형무소에 호송되어 1909년 10월 27일부터 사형당

한 다음해의 3월 26일까지 약 5개월간 형무소 생활이 계속되었다.

이등박문의 암살 뉴스에 접한 일본의 지배적 정치가 경제인은 물론 신문을 비롯해 대다수의 민중은 안 의사의 행위에 대한 비판이 대단했다. 그 중에도 안 의사의 인품과 태도에 깊이 감동한 일본인이 있었다. 그는 여순 감옥에서 안 의사의 간수로 있던 자바 도시치千葉十七이다.

지바는 체포된 안 의사를 하얼빈에서 일본 총영사관부터 여순형무소에 호송하여 사형할 때까지 약 5개월간 간수로 있던 헌병이었다. 지바는 사건의 성격상, 사건을 알고 난 직후 자기 나라의 수상을 살해한 안 의사에 대해 보통의 일본인 이상 격하고 분노했다. 그러나 11회나 되는 검찰의 신문에 회답하는 안 의사의 답변을 알고부터 안 의사에 대한 증오가 점점 희박해지고 역으로 이해와 동정의 마음이 솟아났다.

심문에서 안 의사는 "주선 국가주권의 침해와 민중에 대한 억압"이라고 진술했다. 안 의사의 예의바르고 당당한 태도, 스스로 의병이라고 칭하고 실행한 행위에 확신과

안중근 의사

책임지는 각오, 스스로 범한 행위를 장래의 역사 심판에 맡긴다는 침착한 태도는 지바의 양심을 움직이기에 충분했던 것이다. 그래서 이토 암살은 조선민족의 독립을 위해서 멈출 수 없는 괴로운 선택으로 이토에게는 전혀 개인적으로 원망하지 않고 이토와 그 가족에게 깊이 사과한다는 안 의사의 고백을 듣고서 지바의 마음은 움직이게 되었다.

안 의사가 이등박문을 암살한 동기, 사상적 배경은 1910년 2월 12일 공판의 최종 진술에서 잘 드러난다.

> 일본의 천황은 노일전쟁의 목적은 동양의 평화유지와 한국 독립의 확립에 있다고 하였으나 이토는 실행하지 않았다. 1907년에는 한국의 황제가 헤이그 평화회의에 밀사를 보내 조선 독립을 호소하려 하였으나 이토는 황제의 퇴위를 강요하여 3차 한일협약을 체결했다.
>
> 이상과 같은 일본의 조선 압박 정책은 이토의 책임인 것이다. 그래서 조선의 의병이 일어나 일본의 침략에 저항하는 운동이 심해졌다. 이토는 이러한 조선민족의 독립을 바라는 의병활동을 탄압하여 10만 이상의 조선인 희생자를 냈다. 조선민족을 분노케 하고 독립의 회복이 이토를 살해한 원인이다.
>
> 그를 저격한 것은 사적 원한이 아니다. 이토가 동양 평화를 흐트러지게 하여 한일관계를 멀게 하기 때문이다. 또한 재판에 있어서도 변호사, 통역이 일본인뿐이고 한국인이 없는 것은 납득할 수 없다. 사람을 살해한 이상 살아남지 못할 것은 각오하고 있다. 그러나 나는 일본과 전쟁을 하고 있는 의병장이기 때문에 나를 재판하는 것은 일본 법률이 아니고 만국공법에 의해서 하여야 한다고 생각한다.

안 의사 공판은 1910년 2월 7일부터 시작하여 2월 14일의 6회 공판에서 사형 판결이 내려졌다. 그리고 사형은 2월 19일에 확정되었다.

사형이 확정된 안 의사는 스스로의 생애를 후세에 전하려고 쓰기 시작한 옥중일기 〈안응칠安應七 역사〉 완성을 목표로 했다. 또 〈동양평화론東洋平和論〉을 써서 남기고 싶었다.

그래서 하루는 방문한 고등법원장에게 사형집행을 1개월 연장해 줄 것을 탄원했다. 형무소장도 일본 정부에 집행 연기를 진정했다. 많은 관계자들도 안 의사의 훌륭한 인격을 애석하게 생각하고 안 의사의 집행을 수차례 연장을 진정하였지만 그대로 3월 26일 결행되었다.

안 의사의 서예는 훌륭했다. 그것을 듣고 법원 · 검찰 · 형무소의 직원, 변호사들이 안의사의 휘호를 받기를 원했다. 그러나 형 집행이 1개월 남았다는 소장의 말에 그 전에 끝내려고 생각, 〈동양평화론東洋平和論〉의 집필에 열중했다 그러나 집행은 10일 뒤여서 집필을 중단하고 기도의 생활에 들어갔다.

그 날은 비가 부슬부슬 오는 날이었다. 안 의사는 어머니가 만든 순백의 한복을 입고 평소와 같이 침착했다. 이윽고 간수인 지바를 불러 약속의 휘호를 써주겠다며 "위국헌신군인본분爲國獻身軍人本分"(나라를 위해 몸을 받치는 것은 군인의 본분)을 써주었다. 죽음의 직전에 있는 사람으로서는 생각할 수 없는 느긋하고도 안온한 분위기였다.

안 의사는 지바 씨에게 조용히 이야기했다.

> 친절히 대해준 것을 마음으로부터 고맙게 생각합니다. 동양에 평화가 찾아와서 한일 우호가 소생하게 될 때 다시 태어나서 또 만나고 싶습니다.

지바 씨는 머리 숙여 합장하고 있었다. 1910년 3월 26일 오전 10시 15분이었다. 안중근의 사후 지바 씨는 일기에서 "이 심판은 후세 역사에서 반드시 규탄을 받을 것"이라고 기록했다. 지바 씨는 양심의 가책과 후회의 기분으로 안 의사의 명복을 매일 빌었다.

그는 안 의사의 사형 집행 후 돌아와 철도원으로 근무하면서 반명함판의 안의사 사진과 유묵을 불전에 놓고 하루도 빠짐없이 예배를 올리다 1934년 50세로 병사했다. 그 후에는 부인이 이어받았다 유지를 받들고 공양하면서 안 의사의 유묵을 중요하게 보존하다가 1965년 73세로 사망했다. 그 후 지바부부의 유지는 친족이 이어 받았다.

지바의 유지 계승은 전후 23년 경과한 1979년 지바의 친족은 안중근 탄생 100주년 기념식전이 서울에서 개최된다는 것을 알고 안 의사의 유묵을 고국인 한국에 보낼 것을 결심하고 12월 11일 서울에서의 반환식을 가졌다.

지바 씨의 조카 미쓰우라 구니코三浦くに子는 다음과 같이 인사를 하였다.

> 생전의 숙부는 안 씨를 단순한 살인범이 아니고 민족독립투쟁 때문에 중단할 수 없는 마음으로 일신을 던진 의사이다. 처형하기에는 너무나도 아까운 청년이었다.
>
> 한국이 독립했을 때는 반드시 민족의 영웅으로 재평가될 것이라고 했다. 안 씨의 유묵은 내가 아들이 없는 숙모가 물려받아 그 유언과 같이 오래 불전에 바쳐 공양해왔었지만 세상이 변하고 안 씨의 글이 조국에 오게 된 것이 대단히 기쁘다.

그러나 70년간이나 중요하게 해온 유목과 헤어지는 것은 매우 괴롭다며 울음을 멈추지 못했다.

이 유목은 1970년 서울 남산에 설립된 안중근의사 기념관에 전시되었다. 이와 같이 두 사람의 마음과 교류가 한일 교류가 이루어지게 된 것은 일본에서는 1981년 3월에 안의사와 지바 씨의 우정을 기념함과 동시에 한일양국의 영원한 우호를

일본 미야기현 하라군 대림사(大林寺)에서 한국의 안중근 의사 숭모회와 일본의 안의사연구회 임원이 함께 안의사유묵비에 참배하고 있는 모습

위해서 지바의 바다이지菩提寺가 있는 미야기현 하라군宮城縣 原郡 대림사大林寺에 기념비가 세워졌다. 이것은 많은 일본인과 한국인의 협력이 있었다. 이것이 계기가 되어 한국인인 안중근의사를 숭상하고 공양한 지바 도시치 씨의 존재가 알려지게 되어 한일 양국민의 많은 사람들이 대림사를 찾고 서울의 안의사 기념관을 찾고 있다. 앞으로도 두 사람의 마음의 교류를 칭송하는 한일의 우호는 계속될 것이다.

그리고 한일 양국 교류를 위한 또 하나의 모임이 있어 우리의 눈길을 끈다. 그것은 다름 아닌 저항시인 윤동주의 시를 공유하는 모임이다.

윤동주尹東柱는 일제 식민지 시대에 금지된 한글로 시를 지은 숭고한 조선 민족적 저항 시인이다. 그는 1917년 12월 30일 만주의 북간도에서 탄생하여 1945년 2월 16일 27세의 짧은 나이로 8 · 15 해방을 6개월 앞두고 후쿠오카福岡 형무소에서 독립운동의 죄명으로 복역하던 중에 옥사했다. 그러나 그 시인의 서정정신과 저항

안중근의사 유묵기념비

정신의 혼은 지금까지 살아있다.

“죽는 날까지 하늘을 우러러 한 점 부끄럼 없기를” 스스로 기억하며 “시대처럼 올 아침을 기다리는 최후의 나”였던 그는 2차 대전 말 철저한 민족의 수난 암흑기에 처해서 일제의 군국주의에 의해 희생된 최후의 민족 시인이다. 그는 그의 젊은 생애에 예리하고 담대한 저항의 시와 동시에 참신한 감각과 상상력, 섬세한 정서 시인이었다.

그의 시는 1990년부터 일본의 고등학교 교과서에 〈서시〉가 게재되고 윤동주 시인이 다녔던 교토 동지사대학同志社大學 교정 안에 윤동주 시비詩碑가 세워져 일본인과 한국인이 윤동주의 시 세계를 공유하게 되었다. “한 점의 부끄럼 없기를”라는 내용이 시공을 뛰어넘어 사람들의 공감을 갖게 해 현해탄을 넘어 가교의 역할을 하고 있다. 1994년에는 후쿠오카시에서 윤동주의 시 읽는 모임회가 발족하여 지금까지 이어지고 있다. 매년 2월 16일의 명일命日에는 후쿠오카 형무소였던 후쿠오카 구치소 뒤편의 공원 한쪽에서 추도회를 갖게 되어 있어 참가자들은 헌화와 시를 낭송하고 있다.

순고한 민족 저항시인으로서 어둠의 시대에도 절망하지 않고 민족 사랑과 조국의 독립의 염원을 아름답고 간절한 시어로 써내려 갔던 시인, 밤하늘에 빛나는 별을 동경했던 순수한 마음의 젊은 우국시인…….

죽는 날까지 하늘을 우러러
한 점 부끄럼이 없기를
잎새에 이는 바람에도 나는 괴로워했다
별을 노래하는 마음으로
모든 죽어가는 것을 사랑해야지
그리고 나한테 주어진 길을
걸어가야겠다
오늘밤에도 별이 바람에 스치운다

(1941.11.20)

안중근 의사나 윤동주 시인 자신이 직접 한일 교류의 '가교역할'을 한 것은 아니다. 그러나 그들의 숭고하고 진실한 삶에 감동을 일으켜 한일의 평화와 우호를 바라는 사람들 속에서 교류의 씨를 뿌려 한일 교류의 가교가 이루어진 좋은 사례라 할 수 있다.

한국인과의 교류를 생각하며

아래 소개하는 글 〈한국인과의 교류를 생각하며 – 아사까와 다꾸미의 일기〉는 『망언의 계보』 저자인 다까사키 소오지 교수가 한국인과의 우호를 생각하여 바쁜 틈을 내어 써서 보내준 글이다. 다까사키 교수는 '양식있는 지식인과의 만남' 편에서 이미 소개하였다.

1984년 한국 서울시 교외의 망우리 묘지 한쪽에 임업 시험 직원 일동의 이름으로 한 일본인을 기념하는 비가 세워졌다. 거기에는 '한국이 좋아서 한국인을 사랑해 한국의 산과 민예民藝에 몸 바친 일본인, 여기에 한국의 흙이 되다'라고 새겨져 있다. 그 밑에 잠들어 있는 이는 1891년 일본의 야마나시현 다까네마치山梨縣高根町에서 태어나 1914년 조선이 일본의 식민지 치하에 있을 때 조선에 건너왔다가 1931년 이곳에서 죽은 아사까와 다꾸미淺川巧이다.

그의 생애에 대해 일본에서 알려지게 된 것은 『淺川巧著作集』(야시오서점八潮書店, 1978), 『조선의 흙이 된 일본인』(초풍관草風館, 1982년 에미야다유끼江呂隆之), 『백자白磁의 인人』

(가와데江出 서방신사書房神社, 1994) 등에 의해서였다. 한국에서도 최근에 아사까와 다꾸미淺川巧의 저작 『조선朝鮮의 선膳 조선도자명효朝鮮陶磁名孝』(학고재)가 출판되었기 때문에 혹시 알고 계신 이가 있을지 모르겠다. 그런데 우연히 그에게는 창작이나 일기가 남아 있다는 새로운 사실을 알게 되었다(『工芮』 淺川巧追悼号, 1934).

그러나 그것에 대한 본격적인 탐색은 이루어지지 않은 상태이었다. 그러던 중 10년쯤 전에 아사까와 다꾸미의 일기 일부가 현존해 있다는 것을 나에게 알려준 사람은 『조선종전의 기록』의 편자인 고故 모리다 요시오森田芳夫 씨였다.

나는 모리다 씨에 이끌려 서울에 살고 있는 일기의 소유자인 김성진金成鎭 씨를 만나보게 되었다. 1922년의 1년 분과 1923년의 7, 9월 분의 일기, 그리고 내용, 같은 해 9, 10월에 쓴 조선소녀 등의 이름을 붙인 일기풍의 수필 수 점을 확인했다. 김 씨는 조선의 해방(일본의 패전) 직후 아사까와 씨의 형 노리다까伯教로부터 그 일기를 물려받았다는 것이다. 그 후 나는(나까사키 교수) 조심스럽게 일기의 복사를 원했지만 김 씨는 허락해 주지 않았다. 가제도구를 다 버리고 겨우 목숨을 유지하기 위해 피난길에 오른 한국전쟁(6 · 25전쟁) 때에도 그 일기를 등 뒤에 메고 피난길에 올랐다는 김씨의 이야기를 듣고 나서야 그 기분을 충분히 이해할 수 있을 것 같아, 나는 그 이상 무리한 부탁을 할 수 없었다.

소우후우깐草風館 출판사의 우지가와 지히로内川千裕 씨가 『신편천교작집新編川巧作集』을 출판하고 싶다고 하여 금년 1월 오랜만에 한국을 방문하였다. 나는 재차 김 씨에게 복사를 허락해 줄 것을 원했다. 그런데 이번에는 '마땅한 곳에서 보관을 잘해준다면 일기를 기부할 수 있다'라고 하지 않는가 나는 이 소식을 아사까와淺川 씨 고향인 다까네마치高根町에 전했다. 다까네마치高根町에서는 흔쾌히 기뻐하며 기증 받겠다고 하여 일기는 다까네마치에 보관하게 되었다.

아직까지 반일감정이 강한 한국에서 일본인 일기의 가치를 인정하여 지금까지

50년간을 계속 보관해 준 김성진金成鎭 씨에게 일본인의 한 사람으로서 다시 한 번 감사하고 싶다. 이번에 밝혀진 사실 중 일기에 쓰인 1923년이란 해는 한일관계에서 관동대지진 시 일본인에 의한 조선을 대학살사건이 있었던 해이다. 그때 아사까와 씨는 그 사태를 어떻게 받아 들였을까?

9월 10일의 일기를 보면 6천 명 이상의 대학살이 있었다는 사실이 아직 전해지지 않은 것 같다. 그러나 관동 근처에 살고 있는 조선인이 여러 가지 면에서 의심을 받고 있다는 이상한 분위기는 일찍이 알려져 있다는 것을 알 수가 있다. 그러한 정보에 접한 아사까와 씨의 반응은 '일제 일본인은 조선인을 인간 취급하지 않는 악한 버릇을 가지고 있다', '조선인에 대한 이해가 지나치게 결여되어 있다', '자기는 그들의 앞에서 조선인의 변호를 위해서 가고 싶은 생각이었다'라는 것이다.

대학살에 가담한 당시의 다수 일본인의 조선인과는 확연히 다른 것이 그 정보통제 속에서도 있었지만 이것이 점점 분명해지고 있었다고 말할 수 있다. 당시는 1919년에 일어난 3·1 독립운동을 계기로 조선총독부가 그때까지의 헌병정치에서 '문화정치'로 통치 방침을 전환하고 있는 시기이기도 하였다. 그러나 경찰을 증원해서 조선인의 독립운동을 탄압하고 신사 참배를 강요하는 행위를 일삼는 등 일본인으로의 동화同化에 박차를 가한다는 점을 볼 때 근본적인 변화는 없었다.

아사까와 다꾸미淺川巧 씨는 그 의미하는 바를 다음과 같이 예리하게 파악하고 있다.

'숭배를 강제하는 신사 등을 거액의 돈을 들여세운다든지 하는 관리들의 속셈을 알 수 없다.'(1922년 6월 4일)

'조선 재래의 풍속과 문화생활 방식을 중지하고 일본식의 풍속과 문화생활 방식을 따르게 하는 것은 개량이 아니고 파괴인 것이다.'

이러한 지적은 단순히 조선신사(뒤에 조선신궁)의 건설에 대한 평가나 부업품의 제조에 관한 판단을 넘어 일본의 조선 지배라는 것이 ‘조선’ 바로 그것의 ‘파괴’에 연계되어 있다는 것을 예리하게 찌른 것이다.

아사까와 다꾸미淺川巧는 일기 속에서 ‘식물의 생명’을 도와줌으로써 산림이 발육한다는 안목을 가지지 않으면 조선의 산은 구할 수 없다고 생각한다고 말한다. 왕자제지王子製紙와 같은 기업에 대해서도 북해도北海道도 그들에 의해서 민둥산이 되었다. 가라후도樺太라 할지라도 남지 않을 것이라고 말한다. 사상사가의 후지다 쇼수藤田省三는 금일 인류사적인 과제로까지 되어 있는 환경문제나 생태계의 문제에 언급하기를 ‘제민족의 생태적 지위에 즉각 고유의 생활양식을 존중하는 것이 현대적인 독립정신으로 바람직하다고 생각합니다’(전후 정신의 경험)라고 말한다. 가게서방影書房에서 말하고 있다.

앞에서 비판적인 시선으로 표현하고 있는 아사까와 다꾸미淺川巧의 정신은 거기에 연계된 말이라고 해도 좋다. 천황이 절대적인 신에 가가운 존재였던 당시에 ‘일본은 자랑스런 군비를 거들먹거려 만세일계万世一系를 자만하는 것은 좀 삼가야 한다고 생각한다’라고 한 감상을 쓴 것은 일반 일본인 속에는 바이러스(균)와 같이 널리 퍼져 있었다. 그런데 아사까와의 주된 일은 민예民藝와 산림이라는 두 가지의 영역에 관해서 행해졌다.

일기를 보면 그가 얼마나 빈번히 가마터窯跡나 골동품점을 드나들었으며, 그래서 수집된 도자기의 파편들을 도자기의 시대 구분하는데 참고로 하고 있었는지를 알 수가 있다. 처음부터 이조 도자기의 시대를 구분한 사람은 조선 도자기의 가미사마라고 알려진 그의 형 아사까와 노리다까淺川伯敎 씨였지만, 그의 영향은 동생인 아사까와 다꾸미淺川巧에게서 받은 것이었다. 어떤 날의 일기에는 지금 자기가 도자기의 명칭과 용도를 조사하고 있는 일의 필요성을 깨닫고 박물관에서도 조사하지 않은 사항까지도 자세히 쓰여 있다. 후에 명저 『조선도자명고』를 쓴 아사까와 다꾸미淺川巧의 연구기초가 이즈음에 이미 갖추어진 것이다.

임업방면에서는 사방식재실험砂防植栽實驗에 빠져들었던 것을 알 수 있다. 이해가 없는 상사로부터 실험중지의 명을 받았는데도 그는 실험을 성공시킨 것 같다. 그래서 아마 그 이후에 형인 아사까와 노리다까淺川伯教 씨의 이름보다 동생인 아사까와 다꾸미 씨가 시간이 흐르면서 영원히 일본 명사로 남게 된 것 같다(「始政二十年史」, 『朝鮮公論』 1935년 10월호)에서까지 높이 평가되었던 것이다. 또한 일기는 그가 어떤 사람들과 교분을 가졌는지 지금까지 알고 있는 이상으로 자세하게 알려주고 있다.

빈번히 나오는 인물은 민예운동의 친구들인데 우선 조선과 예술의 저자이며 민예운동民藝運動의 아버지로 불리는 야나가 무네요시柳宗悅, 도예가로 이미 이름이 알려진 도미모도 겐기찌富本憲吉 등이 그들이다. 그리하여 뮤샤노고우지 사네아쓰武者小路實篤를 비롯해서 새로운 마을의 사람들, 임업계로 가깝게 지낸 동대東大 교수 나까이모우노신中井猛之進의 이름도 이미 등장하고 있다.

당시 한국(조선) 민족지의 하나였던 동아일보의 사장 김성수金性洙, 청년 운동 지도자의 한사람이고 동아일보의 창간사를 쓴 장덕수張德秀, 천재시인으로 알려진 남궁벽南宮璧, 조선의 정치가와 예술에 대해서 논문을 발표한 젊은 시절의 문화 염상섭廉想涉, 시인 오상순吳相淳이나 변영로卞榮魯와 같은 역사적인 인물의 이름이 나온다.

일기는 또한 조선인으로부터 조선어를 배우는 아사까와의 모습이나 일본인 여성이 조선인 소녀를 차별하는 데에 대한 분노를 자기의 분노로 생각하는 모습 등도 전해지고 있다. 이와 같이 이 일기는 아사까와 다꾸미의 인간성을 알고자 하는 사람에게 있어서 아직까지 없는 귀중한 자료이다.

한편으로는 아가사와 형제가 태어난 다까노마찌高根町에서는 일기가 기증된 것을 계기로 아사까와 형제와 관계되는 자료를 수집, 보전하려 하고, 한국과의 인간적인 교류사업을 시작하려는 움직임이 일어나고 있다. 아사까와 형제를 기념하고 그 유지를 따라서 이웃 나라와의 교류를 목표로 새로운 장場이 생겨나려고 하고 있는 셈이다. 일본인과 한국인과의 교류를 생각할 때 이상의 사실은 바람직한 사례의 하나로 보아도 좋지 않을까 싶다.

일본인 여러분께 꼭 전하고 싶은 말

한국과 일본은 일의대수一衣帶水의 관계라고 표현합니다. 이는 한 가닥의 띠와 같은 좁은 냇물이나 바다를 사이에 둔 가까운 이웃관계라고 표현한 말일 것입니다. 한일 양국은 세계 어느 나라보다도 문화와 언어의 동질성 더 나아가서는 인종과 인정의 동질성이 뚜렷합니다.

그러면서도 한국과 일본의 관계는 '가깝고도 먼 나라'라는 수식어가 항상 붙어 다녔습니다. 그것은 지리적으로 문화적으로 매우 가까우면서도 과거의 역사가 쌓아 놓은 '앙금' 때문에 그만큼 가까워지지 못했다는 것을 나타낸 말일 것입니다.

'스미마센濟みません 미덕'의 일본인 여러분. 나는 일본의 식민지 시절 한국에서 태어나서 조선총독부가 만든 교과서로 일본어를 국어로 배우며 자랐습니다. 그리고 해방이 되어서는 마음 놓고 한국말을 하면서 처음으로 한국의 역사를 배웠습니다.

그런 내가 성장하여 직장의 방송일로 일본을 자주 내왕하면서 많은 일본인과 일본의 문화를 만났습니다. 막혔던 한일 간의 국교가 열린 뒤 비로소 새로운 일본을 만난 것입니다.

서로의 마음을 열고 대할 수 있는 일본인 친구도 생겼습니다. 겸손하고 친절한 일본인과 수준 높은 일본문화의 만남은 나와 내 조국 한국을 다시 되돌아보게 하였습니다.

그러면서 내 마음 속에는 일본인에게 하고 싶은 이야기가 쌓여 갔습니다. 일본의 일부 정치인들의 망언이 계절 바뀌듯이 갈아 앉았다가도 다시 일곤 할 때마다 안타깝고 일본인에게 전하고 싶은 말이 더욱 간절했습니다. 그래서 여러분과 함께 한일 수교 44년의 한일 관계를 뒤돌아보면서 그 원인이 어디에 있는지 함께 고뇌하고 싶었습니다. 우리가 함께 한일 수교 44년을 돌아보면서 고뇌하고자 하는 까닭은 과거사를 들춰내어 문제를 삼고 비판을 하고자 하는 것이 아닙니다. 양국의 미래를 위해서입니다.

2005년은 한 · 일 양국에게 여러 측면에서 매우 의미 깊은 해이었습니다. 한국에게는 광복 60주년이 되는 해이고 일본에게는 종전 60주년이 되는 해입니다. 그리고 한일 국교 정상화 40주년이 되는 해이기도 합니다.

돌이켜보면 국교 정상화 당시 연 1만여 명에 불과하던 왕래객은 하루에 1만여 명으로 늘어났고 2005년에는 한국인과 일본인의 왕래는 435만여 명에 이르고 있습니다. 무역규모도 1965년 불과 2억 달러에 지나지 않던 것이 2005년에는 724억 달러까지 늘어났습니다.

이와 같이 한일 양국은 우호협력을 통해 공생공영을 다짐하면서 국교 정상화 이후 교류를 확대하고 인적 교류와 무역규모 등이 비약적으로 발전되었습니다.

1998년 10월에는 일본의 대중문화개방과 함께 대중문화교류도 활기를 띠었습니다. 2002년 6월에는 한 · 일 양국이 월드컵 공동개최를 성공적으로 개최하였습니다. 이 경기는 양국의 공동인식과 협력으로 우정을 다지는 의미도 포함된 소중한 행사이었습니다.

2003년에서 2004년에 걸쳐서는 〈겨울연가冬のソナタ〉 등 한국 드라마가 큰 반향을 일으키기도 하였습니다.

도쿄의 한 일본친구로부터 편지 한 장이 날아왔습니다. 일본과 한국의 관계가 호전되고 있어 너무나 기쁘게 생각하고 〈겨울연가〉, 〈대장금〉 등 한국의 드라마를 빠짐없이 가족과 함께 보고 있다면서, 한국에 대한 이해가 높아지고 한국과 한국인에 대한 호의를 갖게 되었다면서 일본인들이 한국인을 좋아해지고 있다는 것을 주변 사람에게 꼭 전해달라는 부탁까지 잊지 않았습니다.

나는 이러한 문화교류를 통해서 양국이 더욱 가까운 이웃으로 발전되기를 진심으로 바랬습니다. 이러한 바람은 저뿐 아니라 양국 관계에 관심을 가진 많은 양국민의 소망이기도 했을 것입니다. 그러나 일본의 일부 정치인들의 부적절한 언행으로 '우정의 해'도 무의미하게 흘러갔고 한국인을 자극하는 '역사왜곡 망령'은 지금도 반복되고 있습니다.

일본인 여러분, 일본은 제2의 경제대국입니다. 그리고 문화적으로 많은 장점을 가지고 있는 나라입니다. 또 개인적으로 한없이 선량하고 예의바르며 친절한 국민입니다. 혹시 잘못하여 옷깃을 스쳐도 연신 머리 숙여 "스미마센(미안합니다)."이라고 합니다. 실수로 상대방의 발등을 밟아도 오히려 밟힌 쪽이 사과할 정도로 경우가 바른 사람들입니다.

한일관계에서도 많은 일본인들 중에는 과거의 아픈 역사를 직시하고 '공유와 반성'으로 한국을 비롯해 아시아와의 우호 증진을 위해 노력하는 분들도 많이 있습니다. 그런데 안타깝게도 일부 사람들의 우호협력의 노력에 역류하는 사람들로 인해서 일본이란 나라는 '신뢰할 수 없는 나라', '정직하지 못한 나라'라는 비난과 비판의 소리를 듣고 있어 매우 안타깝습니다.

일본의 일부 정치인들은 이러한 국제사회의 비판의 소리에도 아랑곳하지 않고

오히려 부적절한 언행과 역사왜곡의 망령을 되풀이하고 있습니다. 일본의 정신과 의사인 와다히데키 씨는 '폭언과 망언'을 일삼는 것은 공격이 곧 방어라는 의식에서 비롯된다고 분석하고 있습니다. 또 『한국의 도전』의 저자 도요다 아리쓰네豊田有恒 씨는 그의 저서 『일본인과 한국인 이점이 다르다』에서 일본은 역사에 둔감하고 한국인은 역사에 민감하다면서 일본의 국민성은 '과거의 잘못은 흐르는 물에 흘려보내듯水に流す 말끔히 잊는다'고 하였습니다.

일본인 여러분, 일본인들의 생각과 정서처럼 나쁜 일은 잊고 좋은 일만 생각하는 것이 정신건강을 위해서도 바람직하다고 생각합니다. 그러나 잊을 만하면 한국인들의 마음을 자극하는 일본의 일부 정치인들의 언행들을 생각해 보십시오.

이웃나라를 침략하여 국모인 왕비를 잔인하게 살해하고 국권을 침탈하여 36년간 식민지 지배를 하면서 일본이 일으킨 세계 2차 대전 등 전쟁에 강제 동원하여 30여 만 명의 목숨을 잃게 하였습니다. 온갖 억압으로 고통 받은 아픔을 생각한다면 그렇게 쉽게 물에 흘려보내듯이 잊을 수 있는 문제인지 역지사지易地思之로 입장을 바꾸어 생각하시기 바랍니다.

일본인 여러분, 21세기는 9년이 지났습니다. 그러나 우리는 20세기의 불행했던 과거의 굴레에서 벗어나지 못하고 있습니다. 이 근본적인 원인은 역사인식의 공유에 비롯된다고 생각합니다. 한 시대를 공유해 온 역사를 부정 왜곡하여 날조된 역사를 가르친다는 것은 양국의 후손들에게 과거의 굴레에서 벗어나지 못하게 족쇄를 채우는 것입니다.

21세기는 새로운 의식 변화를 요구하고 있습니다. 우리는 글로벌화의 다문화 다민족 사회에 살면서 인종차별, 인권 문제는 물론 국제사회의 신뢰와 공조 없이는 살 수 없는 새로운 시대를 맞이하고 있습니다. 그래서 총부리를 겨누던 원수의 나라들이 하나가 되어 EU(유럽연합) 국민들이 공동역사 책을 만들고 서로 돕고 있습니다. 그러나 한·중·일은 가장 가까이 인접하고 가장 문화의 동질성을 가지고 있으면서도 과거의 굴레에서 벗어나지 못하고 아옹다옹 싸우고 있습니다.

일본인 여러분, 다음 세대를 이어갈 양국의 후손들이 바른 역사의 이해로 아픈 과거를 교훈 삼아 서로의 아픈 마음을 이해하면서 진실과 화해로 공생 공존할 수 있도록 해주는 것은 기성세대들의 막중한 책임이라고 생각합니다.

그런데 일본 역대 정부는 모호模糊한 전후 처리에 부적절한 언행을 반복하여 한일관계를 악화시켜 왔습니다. 일본은 어렸을 때부터 가정과 학교에서 '정직한 사람이 되라', '근면한 사람이 되라', 남에게 폐를 끼쳤으면 '미안합니다'라고 꼭 인사하도록 시쓰케躾 교육을 철저히 시키는 나라라고 알려져 있습니다.

그런데 일본 정부는 그와는 반대로 거짓말쟁이를 육성하는 교육을 하고 있습니다. 일본의 침략전쟁과 식민지 강점을 부정·왜곡·미화하는 '새역모'의 교과서를 검정 통과시켜 거짓내용을 가르치겠다니 그러한 거짓을 배운 후손들이 앞으로 이웃나라들과 어떻게 상호협력하면서 원만하게 살아가라는 것인지 진지하게 생각해 볼 일입니다.

일본 여러분은 이러한 정부의 처사를 더 이상 방임해서는 안 된다고 생각합니다. 그것은 한일관계는 물론 일본 스스로를 위해서 나아가 국제사회의 평화를 위해서 우리 다 함께 노력할 과제라고 생각하기 때문입니다.

앞 장의 내가 만난 양식 있는 지식인편에서 그 분들의 활동 일부를 소개하였습니다만 다카시마 노부요시 류큐대학 교수는 『신神의 나라는 가라』는 책에서 거짓말쟁이가 쓰고 거짓말쟁이가 선전하여 거짓말쟁이가 파는 교과서를 묵인할 정도로 일본사회가 우매하지 않다. 차세대를 짊어지고 나갈 젊은이들 앞에서 우리들은 행동으로써 증명해 보일 것이라고 하였습니다. 아무쪼록 일본 사회에 다카시마 교수의 말씀대로 밝은 의식변화의 바람이 일어나기를 진심으로 기원하겠습니다.

일본인 여러분. 평생 나의 가슴속에 담아두었던 생각들을 말씀드리자니 한이 없어 이만 줄이려 합니다. 저의 말이 일본 여러분의 감정과 정서에 반하는 부분이 있을지 모릅니다만 이는 한일관계의 개선을 바라는 충정이라고 생각하시고 너그러운 마음으로 받아주시면 감사하겠습니다.

진정한 극일을 위하여

2010년 금년은 경술국치庚戌國恥 100년, 광복 65년이 되는 해다. 그러나 한일관계는 과거의 굴레에서 벗어나지 못하고 제자리에서 맴돌고 있다.

일본은 정상들이 바뀔 때마다 화해와 협력을 강조한다. 과거를 반성하며 미래를 위해 노력하겠다고 한다. 그러나 한국인들은 정상들의 발언을 곧이곧대로 믿는 한국인은 별로 없다. 일본의 한국침략 역사를 정당화하고 역사를 왜곡하는 교과서를 만들어 정부의 검정 통과시켜 아이들의 교재로 쓰이고 있기 때문이다.

일본은 우리에게 온갖 만행을 저질렀다. 임진왜란(1592년), 정유재란(1597년), 교토의 도요쿠니 신사 근처에는 조선사람의 코와 귀를 베어간 무덤이 있다. 1895년에는 조선의 왕비인 명성왕후를 암살하여 불에 태워버린 만행을 저질렀다. 1910년에는 강제병합하여 35년간 가혹한 식민통치를 하였으며 일본 관동대지진 때는 조선인이 우물에 독약을 뿌리고 폭동을 일으킨다는 유언비어를 퍼트려 군대·경찰·자경단이 무고한 조선인 6,000명을 살해하는 잔악한 일들을 벌렸다. 우리는 어떻게 이러한 온갖 만행을 쉽게 잊을 수 있단 말인가.

일본은 이러한 만행을 부정 왜곡하여 다음 세대 어린이들에게 가르치면서 총리들의 과거사를 직시하고 반성하면서 미래를 위해 노력하겠다니 분노를 느끼지 않을 사람이 어디 있겠는가?

그렇다고 우리가 분노하고 소리를 높인다고 무엇이 달라지겠는가? 우리는 일본을 똑바로 알고 우리 스스로를 바르게 되돌아보는 일에 소홀해선 안 된다.

조선시대의 실학자 성호 이익星湖 李瀷은 임진왜란을 도요토미 히데요시豊信秀吉의 침략 야욕이 아니라 조선 내부의 당쟁이 스스로 자초한 결과라 하며, 만일 그때 군주를 중심으로 온 백성이 단결하였더라면 그러한 침략은 결코 없었을 것이라고 단언하고 있다.

대원군 시대에도 상황은 비슷하였다. 일본은 조선침략 10년 전부터 일본에서 정한론征韓論이 공공연하게 나돌고 있을 때도 우리 조정에서는 안동 김씨의 세도정치와 대원군과 민비와의 알력, 친로 · 친일 · 친미 등으로 나뉘어 이를 간파하고 대비하지 못했다가 결국 조선은 스스로 일본의 침략을 자초한 결과를 가져오게 된 것이다.

지금은 어떠한가? 현재의 한국은 미국 · 일본 · 소련 · 중국 등 4대 강대국에 둘러싸인 국가로서 한반도 정세는 한국 전쟁 이후 최대의 전환기로 남북이 서로 대치하고 있다. 그런데 이러한 난국에 정치권은 당쟁으로 연일 국민에게 불안과 실망을 안겨주고 있다. 지난날과 같은 위기 앞의 국론분열國論分裂에 대한 자성이 필요할 때다

정말 자존심 상하는 말이지만 일본의 에도江戸시대부터 "조센진은 저희들끼리 싸우다가 망한다."는 말이 있다. 이 얼마나 치욕적이고 자존심 상하는 말인가?

지금 우리는 생존의 매우 중요한 시점에 와 있다. 국민의 역량과 지혜를 통합하여 나라의 활로를 개척할 것인가? 아니면 분열과 독단으로 구한말의 역사를 되풀

이 할 것인가?

우리는 더 이상 상대방을 원망하고 탓하기 전에 우리를 되돌아보고 분열된 힘을 결집하여 난국을 극복하고 국력을 길러야 하는 것이다. 우리가 국력을 기른다는 것은 이웃나라들과 대등한 관계에서 상호 협력하면서 살기 위한 것이고 이것이 곧 극일克日이기도 한 것이다.

거듭 말하건대 일본을 극복하는 길은 화합和合으로 국력을 결집結集하여 경제적으로 풍요롭고 높은 질서 의식과 도덕성을 회복하여 수준 높은 국민으로 거듭나 품격 있는 나라로 만드는 것이다.

일본인 교회에서의 기도

한국인이 처음으로 일본을 방문하면 그 수많은 신사와 사원에 놀라움을 갖는다. 그런가 하면 일본인이 한국을 방문하면 여기저기 십자가 있는 많은 교회를 보고 무슨 교회가 그렇게 많으냐고 묻는다.

나는 그동안 일본을 자주 내왕하면서 가는 곳곳마다 산재해 있는 신사와 사원을 보아왔지만 내 기억으로는 교회를 본 기억이 별로 없다. 그러나 비공식 통계에 의하면 일본에도 전국에 7500여 개의 교회가 있고 도쿄에만도 600여 개의 교회가 있다고 한다.

그런데 한국의 수도 서울에 일본인이 운영하는 교회가 있어 눈길을 끈다. 전철 2호선을 타고 잠실역에서 시청방향으로 가다보면 한강 잠실철교를 건너 성수역을 지나다보면 일본인 교회 건물이 눈에 들어온다. 나는 몇 해 전부터 궁금도 하고 관심을 갖게 되어 차일피일 미루어 오다가 어느 주일 그 교회를 방문하여 일본인 신자들과 함께 예배를 본 적이 있다.

나는 아직 교인이라 할 수 없다. 나이가 들면서 최근 교회에서 열심히 활동하는 큰 딸의 아버지 영혼고원의 간절한 소망으로 집 가까이에 있는 교회를 가끔 나갈 정도이다.

교회에 들어서니 4층 교회 입구에 '神は愛なり'(하나님은 사랑이시라)란 글이 일본어와 한글로 쓰여 있어 일본인 교회라는 느낌을 갖게 했다. 입구의 접수대에 들어서니 조남중 목사의 사전 연락으로 요시다 꼬오조오吉田耕三 목사 부인께서 반갑게 맞아 주었다.

이 일본인 교회에서의 예배 시간은 1부, 2부로 나뉘어 1부 오전에는 한국인 신자를 위한 예배시간이고, 2부는 일본인을 대상으로 하고 있지만 일본어가 가능한 한국인도 함께 예배를 볼 수 있다. 찬송가, 목사의 설교 등 모든 것이 일본어로만 진행된다.

나는 2부의 일본인과 함께 강대상에 들어가 예배에 참석했다. 예배의 절차, 설교 등이 모두 한국인 교회에서와 비슷하게 진행되었다. 다만 일본어로만 진행되고 모든 인쇄물이 일본어라는 것이 다를 뿐이었다. 그러나 나는 처음으로 일본인 교회에서 일본인 목사의 설교를 듣는 자리여서 좀 조심스러웠다. 예배시간이 다 끝나고 요시다 목사는 처음 참석한 나의 소개도 잊지 않았다.

교회의 모든 행사가 끝나고 요시다 목사는 내가 궁금해 하는 일본인 교회의 특징인 일한日韓 친선 선교활동 등에 대하여 자료와 함께 친절하게 설명을 해주어서 일본인 교회에 대한 인식을 갖게 했다.

교회 안내장의 요시다 목사의 인사글 중 눈길을 끄는 글귀가 있다.

> 일본과 한국에 지워 없앨 수 없는 침략과 수난, 박해와 순교의 역사가 있었습니다. 그러나 한국의 그리스천들은 그리스도의 사랑을 가지고 일본인을 위해서 기도를 해주고 있습니다. 조국의 여러분 교회의 기도 지원과 함께 이러한 한국교회의 사랑과 호의 속에 저의

서울 日本人 教會가 탄생하여 금일에 이르게 되었습니다. 한국에 체재 중 당신을 뵙게 되어 하나님의 은혜를 알아주셨으면 좋겠습니다. 꼭 한번 오시기를 기다리겠습니다.

또 일본 교회의 목표는 1. 일본 민족의 뉘우쳐 고치기, 2. 재한국 일본인의 전도, 3. 일한 양국 교회의 선교협력, 4. 아시아의 복음화와 세계선교이다.

특히 일본 교회의 특징으로 과거의 역사를 잊지 않고 그것을 뛰어넘어 한일 친선과 화해의 가교가 되고 있다. 요시다 목사는 목회활동을 통한 복음을 전파하는 것은 물론 한일 친선 선교협력회를 조직하여 일본의 선교와 협력하여 한일 교류에 힘을 기울이고 있다. 3·1절을 맞이해서는 한일 역사 공통교재를 양국에서 동시에 간행하도록 지원하는 등 그리스도를 통하여 한일 양국의 화해와 친선에 노력하고 있는 점이 매우 인상적이며 감명을 받았다.

요시다 꼬오조오吉田耕三 목사는 일본 도쿄에서 출생하여 나고야에서 성장하고 도쿄에서 신학대학을 졸업한 후 한국 일본인 교회에서 복음 활동을 시작한 지 30년 가까이 된다고 한다. 나중에 조남중 목사를 통해서 안 사실은 한국에 일본인이 찾아오면 서대문 형무소, 제암리 교회, 경복궁의 명성황후 살해 현장의 추모비 등을 직접 안내하면서 일본의 잘못을 낱낱이 설명하면서 일본의 잘못을 뉘우치게 하고 반성하도록 하고 있다고 한다.

나는 요시다 목사의 그러한 활동에 대하여 다시 한 번 머리 숙여진다. 피해자가 가해자에게 백번 소리 높여 반성하고 사죄할 것을 촉구하기보다 가해국의 양식 있는 지식인들이 스스로 뉘우치도록 하는 분위기 중요한 것이다.

요시다 목사와 같이 양식 있는 지식인 목사, 교수, 시민단체 등이 폭넓게 용서와 화해의 장을 만드는 것이 매우 바람직하다고 생각하면서 예수그리스도의 사랑을 통해서 한일 양국이 용서와 화해로 보다 가까운 이웃나라가 되기를 진심으로 기도한다.

우정의 교류 30년

일본 친구와의 여행

30여 년 넘게 사귀면서 가깝게 지낸 일본 지인들과 몇 차례 여행을 하였다. 그 중 일본 도카이대학東海大學 니시모토西本교수와 여행한 것이 오래 기억에 남는다.

그는 미국 콜롬비아 대학에서 사회교육을 전공, 박사학위를 받았고 지역사회 개발연구활동을 해왔다. 한국의 새마을 운동에 대해서도 관심을 가지고 수차례 현장답사, 자료수집을 하여 그의 저서 『아시아 개발협력의 제문제アジアにおける開發協力の 諸問題』에 새마을 운동과 지역사회 개발에 대해 소개를 하였다.

1997년도 초 방송일로 잠시 부산에 머물고 있을 때 나를 만나기 위해 부산까지 찾아왔다. 그는 부산에 온 기회 아직 개발되지 않은 지방을 보고 싶어했다. 마침 주말이라 함께 떠나기로 했다. 1박 2일로 진해를 경유 경남 마금산 온천과 진주산성을 다녀왔다. 우리는 승용차보다 시외버스를 타기로 했다. 초여름의 신록과 차창 밖의 경치가 상큼하고 아름다웠다. 니시모토 교수는 마냥 즐거운 표정이었다.

진해에 가까워지자 일본 국화인 많은 벚꽃나무를 보고 놀라워했다. 버스는 비포장도로를 한참 달려 마금산 온천에 당도했다. 제법 시골 분위기였다. 도착하지

숙박할 온천장을 찾았다. 주말 각지에서 모여든 관광객 인파로 방을 구할 수 없었다. 정말 난감했다. 마침 한 온천장에서 밤 10시가 지나면 방이 빈다고 했다.

우리는 예약을 해놓고 근처 공토 허름한 노천 식당 평상에 자리를 잡았다. 여름 밤 하늘에서 수많은 별들이 쏟아졌다. 공기도 상쾌했다. 어렸을 때 시골 고향에서 보고 처음 보는 밤하늘이었다.

여름밤 하늘의 별을 쳐다보면서 막걸리를 기울였다. 시간 가는 줄 모르게 많은 대화를 나누었다. 주로 한일관계와 교육문제였다. 지금도 밤 하늘의 별과 시원한 여름 밤공기를 잊을 수 없다.

우리는 온돌방에서 함께 잠을 잤다. 온돌방이 신기한 모양이다. 온돌방 문화에 대한 설명도 해주었다. 아침에 일어나보니 니시모토 교수는 모기때문에 잠을 설쳤다면서 웃었다. 나는 이상하게도 모기에 물리지 않고 잘 잤다. 좀 미안했다. 우리는 서둘러 다음 행선지로 떠났다.

다음 행선지인 진주행 시외버스가 진주 근처에 다다르자 남강물이 흐르고 진주 성지가 보이기 시작했다. 진주성지는 임진왜란 당시 3만 대군으로 공격한 일본군이 대패했고, 두 번째는 우리 측의 6만이나 되는 희생자를 낸 경상도 서남방 비극의 요충지이다. 우리는 멀리 보이는 진주성을 향해 남강변을 따라 걸어서 올라갔다. 촉서루, 의기사義妓祠(임진왜란 당시 왜장과 함께 남강에 투신한 충절의 여인 논개 영전과 위패를 모신 사당), 의암義岩(논개가 왜장을 유인하여 남강물로 투신했다는 바위), 창열사, 국립박물관 등을 차례로 돌아보았다. 가는 곳마다 임진왜란과 관련이 많았다.

돌아보는 동안 니시모토 교수는 진지한 모습이었다. 의기사와 의암에 대해서는 자세히 설명을 해주었다. 니시모토 교수는 논개가 왜장을 유인하여 남강물로 투신한 바위(의암)에 올라서서 유유히 흐르는 남강물을 한참동안 응시하고 있었다. 나는 그가 무엇을 생각하고 있었는지에 대해선 묻지 않았다.

우리는 이 고장의 유명한 장어구이와 함께 늦은 점심식사를 마치고 왁자지껄한 시외버스를 타고 되돌아 왔다. 니시모토 교수는 이번 여행은 즐거웠고 평생 잊을 수 없는 여행이었다면서 매우 만족한 표정이었다. 다음에는 도쿄에서 꼭 만나자고 하였다.

한국인, 일본인이 함께한 짧은 여정이었지만 즐겁고 의미 있는 여행이었다. 지금도 여름밤 하늘의 무수한 별들이 쏟아진다.

도쿄에서 날아온 희소식

도쿄에서 반가운 희소식이 날아왔다. 방송일로 인연이 된 오랜 지인인 D씨는 매년 일본의 소식과 안부편지를 꼬박꼬박 정성껏 써서 보내주고 있다. 그래서 그의 편지글을 읽으면 일본의 소식은 물론 일본인들의 마음을 읽을 수 있고 편지문화도 이해할 수 있다. 편지글 중 일부를 소개한다.

크리스마스 카드 고마웠습니다. 송 선생님은 건강하셨는지요.

저는 금년 6월말에 NHK를 정년퇴직하였습니다. NHK에서의 컴퓨터 그래픽 일은 매우 즐거운 일이었습니다. 저의 인생은 제2차 대전 때와 전후의 수년을 제외하고는 행복하였습니다. 특히 대학을 졸업하고 NHK에 입사하여 방송의 세계에서 활동하게 된 것을 다행이라고 생각합니다.

방송 일로 세계 속의 사람들과 친구가 된 것은 저에게 매우 큰 기쁨이었습니다. 저의 주변에는 존경하는 많은 사람들이 있습니다. 그 중 송 선생님도 존경하는 중요한 분입니다. 송 선생님께 많은 것을 배웠습니다. 특히 역사적으로 보아 한국과 일본은 좋지 않은 일이 많이 있었습니다. 그러함에도 송 선생님께서는 그것을 개의치 않으시고 저를 따뜻하게 사랑으로 대해 주셨습니다. 한국과 일본 관계를 계속 중요하게 생각하시고 가교역할을 해주셨습니다. 저는 선생님의 큰마음을 보고 배우려고 합니다.

송 선생님은 알고 계신지요. 지금 일본에서는 한국에서 방송된 드라마 〈겨울의 소나타〉와 〈아름다운 날들〉이 대단한 인기를 끌고 있습니다. 저도 집사람과 매회 이 방송을 즐겁게 보고 있습니다. 저희들뿐만 아니라 집사람의 친구와 저의 회사 사람들, 집 근처에 사는 사람들, 일본 속의 젊은이들, 중년 노인까지 큰 박수를 치면서 보고 있습니다. 음악이며, 미술이며, 카메라, 의상 디자인까지 훌륭하며 대단한 시청률을 높이고 있습니다. 방송 프로그램이 주는 역할은 대단합니다.

이 드라마는 NHK BS방송으로부터 방송된 관계로 놀랄 정도로 한국에 대한 이해가 깊어졌습니다. 한국과 한국인에 대한 호의를 갖게 되었습니다. 한국은 훌륭한 공업 제품을 만들 뿐 아니라 훌륭한 문화를 가지고 있는 나라라고 말 할 수 있다는 것이 이해되었습니다. 정부의 높은 사람들이 여러 가지 일을 하는 것보다는 일반 대중이 문화를 통해서 서로 이해를 깊게 하는 것이 대단히 좋은 것이군요.

이 드라마를 통해서 일본 안에 큰 변화가 일어나고 있는 것을 저의 마음으로부터 기쁘게 생각하고 있습니다. 어쨌든 이 드라마는 대단했습니다.

일본 사람들이 점점 한국의 사람들에 대해 좋아해지고 있다는 것을 선생님의 주변 사람들에게 전해주시기 바랍니다.

2004년 1월

도요지마 마사히꼬

이찌무라 씨께

지난번 도쿄 방문 시에는 바쁘신 중에도 친절하게 환대해 주시어 감사했습니다. 시부야 공원의 푸른 숲이 내려다보이는 당신의 사무실에서 오랜만의 대화, 일본의 전통적인 유명한 스시 집에서의 점심 식사 등 매우 감사하게 생각합니다. 특히 당신의 저서에 손수 서명하여 주신 『쇄국, 느슨한 정보혁명鎖國,ゆるやかな情報革命』은 귀국하는 기내에서 관심 있게 읽었습니다.

〈해외 정보 수집의 시스템화〉 편에 도요토미 히데요시豊臣秀吉의 조선 출병에 의해서 단절된 조선과의 관계 회복을 위해 도쿠가와 이에야스德川家康가 종의지宗義智를 개입시켜 관계수복의 교섭을 추진하는 과정에 조선 측의 강경한 요구서를 종의지宗義智가 중간에서 양국에 걸맞게(성사시키기 위해서) 바꿔쳐 양국 간에 정보의 회로回路가 부활되어 조선통신사의 내왕이 다시 가능했다는 내용을 관심 있게 읽었습니다.

오랜만에 만날 수 있었던 NHK의 와타나베 씨, 도요지마 씨 모두 친절하게 맞아 주시어 마음속 깊이 감사하게 생각하고 있습니다. 그리고 정보대학의 아키야마 교수는 귀국 전날 도쿄에 도착하는 줄 알고 숙소로 전화를 걸어와 전화상으로 반갑게 대화를 나눌 수 있었습니다.

그리고 NHK를 퇴직하고 런던대학 LSS국제사회 경제포럼 회장직을 맡아 분주하게 활동하고 계신 우다 씨는 제가 도쿄에 왔다는 소식을 듣고 꼭 만나야 한다면서, 호텔까지 손수 차를 몰고 와 프레스센터 내의 우다 씨 사무실에서 많은 대화를 나누고 근처의 음식점에서 와인을 곁들인 일본 스시로 점심식사를 하면서 즐거운 시간을 가졌습니다. 건강하게 활동하는 모습을 보고 반가웠습니다.

이찌무라 씨, 우리가 처음 만난 것이 벌써 30년 이상 경과하였습니다. 방송교육 교류로 만나 그간 양국의 방송교육 발전을 위해서, 일본방송문화기금으로 7개국이 참석한 국제 세미나를 한국에서 가진 바 있으며, 그것을 계기로 해마다 서로 긴밀한 관계로 내왕하면서 교류를 계속해 왔습니다. 그런데 제가 교육방송에서 정년퇴직하고 다른 방송사에 자리를 옮기면서 자주 방문을 못 했습니다. 그러다가 몇 년 만의 지난번 방문에서는 일본의 사회도 많이 변하고 있다는 인상을 받았습니다. 우선 거리마다 넘치는 인파로 왁자지껄하고 활기 넘치는 분위기였습니다. 제가 처음으로 70년대 일본을 방문했을 때는 낮에 거리의 인파도 그렇게 많지 않고 한산하였습니다. 저녁 직장 사람들이 퇴근할 무렵에야 많은 인파를 볼 수 있었습니다. 전철이나 신간센 열차를 타면 너무나 조용한 분위기여서 옆 사람의 숨소리까지 들릴 정도였습니다. 그래서 왁자지껄한 한국에서 살아온 저는 숨이 막힐 정도였습니다.

그런데 한낮에도 많은 인파, 신주쿠, 시부야역 광장 등의 젊은이들의 개성 있고 다양한 머리, 옷차림 등 마음껏 발산하며 살아가는 젊은이들, 왁자지껄한 분위기, 어떻게 생각하면 이러한 분위기가 사람이 살아가는 사연스러운 분위기인 것 같습니다. 그런데 문제는 도쿄에 머무는 동안 TV뉴스, 신문 등에 연일 늘어나는 각종 사건 사고, 청소년의 범죄 비행 등으로 만나는 사람마다 우려하는 분위기였습니다다. 물론 한국도 예외는 아닙니다. 한국도 심각한 문제로 우려를 하고 있습니다.

이찌무라 씨, 도쿄를 떠나기 전날 밤의 시내의 황홀한 야경이 생각납니다. 가까이 지내오던 가와타可田씨와 시부야澁谷에 있는 히비죠日比壽(가든 프레이 타워)에 들려 도쿄 시내가 내려다보이는 36층의 술집 키라라きらら에서 일본의 전통 술인 마사무네正宗를 기분 좋을 정도로 마시면서 많은 대화의 시간을 가졌습니다. 삽시간에 그 넓은 홀에 남녀 손님이 꽉 차기 시작하고, 왁자지껄하면서 활기 넘치는 분위기로 변했습니다.

> 오늘도 여러분 수고하셨습니다. 여기에서 마시고 먹고 내일의 활력을今日も皆様でくろうさまでしたごちらご飮んで食べて明の活力を……

이 문구는 그 술집 입구의 큰 입간판에 씌어져 있는 문구입니다. 그렇습니다. 즐겁게 마시고 먹으면서 하루의 피로를 풀고 내일을 위한 충전의 장소라고 생각합니다.

우리는 도쿄 시내가 내려다보이는 창가에 앉아서 마음과 몸도 따뜻해지도록 술이 오르고, 점점 사방은 어두워지면서 도쿄 타워를 비롯하여 시내의 야경은 더욱 곱게 빛났습니다. 생각하면 아주 소중한 추억들입니다.

이찌무라 씨, 이만 줄이고자 합니다. 지난번에 부인과 함께 한국의 설 전날 서울을 방문하였지요. 그런데 한국의 설날은 대부분 고향으로 내려가고 추운 겨울이라 서울 시내는 더없이 쓸쓸할 때입니다. 다음에는 따뜻한 봄이나 단풍이 곱게 물드는 가을에 꼭 방문하여 주시기 바랍니다. 이찌무라 씨를 비롯하여 여러분의 건승을 기원합니다.

2000년 6월 서울에서

가와다 씨의 일본소식

송 선생님께

새로운 세기世紀의 개막과 구정을 축하합니다. 서울은 추위가 계속되고 있다는 소식을 듣고 있습니다. 송 선생님과 가족 여러분께서는 건강하신지요? 저도 염려해 주시는 덕택으로 건강하고 바쁘게 활동하고 있습니다.

21세기에는 밝은 미래를 기대하고 있습니다만, 일본에서는 지금 곳곳에서 나쁜 사건들이 계속 되고 있어, 금년에 들어와서 매일같이 사건, 사고가 일어나고 있습니다. 과학이 진보라는 면에서 21세기는 20세기보다도 다시금 진보가 있을 것이라고 생각하기 때문에 밝은 면도 있겠지만 그것에 비해 정신면은 지금보다도 후퇴될 것이라는 감을 갖게 합니다.

지금 일본에서 문제되고 있는 것은 크게 둘로 나눌 수 있습니다. 첫째는 청소년에 의한 살해, 상해 사건이나 강도사건입니다. 10대의 소년이 부모, 친구는 말할 것도 없고 어른에 대해서 이해할 수 없는 동기와 잔학성을 갖고, 이러한 사건들을 일으키고 있습니다. 또 하나는 젊은 어머니나 젊은 아버지들이 자기 자식을 학대하는 사건입니다. 이러한 사건들이 매일같이 각지에서 일어나고 있습니다. 첫 번째의 사건은 총 규제가 없다면 미합중국도 전혀 변가 없는 상태이겠지요. 두 번째의 사건은 모두 미합중국과 같은 상태로 되고 있다는 것을 알 수 있습니다. 일본이란 나라가 여기까지 오게 된 것입니다. 10년 전의 일본과는 전혀 다른 나라로 되어가고 있습니다.

무엇이 원인인지도 잘 모르고 있습니다. 다만 제2차 대전 후 일본의 자유주의와 민주주의의 나라로 변하는 과정 어딘가에, 자유주의와 민주주의의 본래 의미를 모르고, 틀린 길을 걷고 있기 때문이 아닌가 생각됩니다. 어쨌든 이젠 본래대로 되돌아간다는 것은 불가능한 것 같아 두렵기만 합니다.

지금 막 편지를 쓰고 있는데 마음을 따뜻하게 하는 뉴스가 들어오고 있습니다. 이미 한국에서도 화제가 되었을 것입니다만 도쿄에서 한국인 유학생이 자기의 목숨을 돌보지 않고, 지하철 노선에 떨어진 일본인을 구했다는 소식입니다. 이 뉴스가 온통 일본인들의 가슴을 뭉클하게 하고 있습니다.

한국인들에게 간절히 바랍니다. 일본과 같은 나라가 되지 않기를, 한국도 자유주의와 민주주의의 길을 걷고 있으므로, 자유주의와, 민주주의의 본래의 의미를 잘 이해해서 잘못된 길을 밟지 않도록 기원합니다.

너무 장황하게 늘어놓은 것 같습니다

여러분에게 안부 부탁드립니다. 또 소식 전하겠습니다.

가와다 고이찌

도요자마 씨의 편지

송 선생님

새해를 축하합니다. 편지를 일찍 받게 되어 황송합니다. 송 선생님의 건강이 좋으신 것 같아 매우 기쁘게 생각합니다. 즐거운 미국 여행을 하신 것 같군요. 부인과 함께 여행을 하셨는지요? 20일간의 긴 여행이라 추억도 많겠지요. 어려운 시대를 뛰어넘어 제 일선에서 일을 끝내고 여유 있게 여행을 할 수 있다는 것은 행복한 것이지요. 평화의 시대이므로 가능하다고 생각됩니다. 평화의 중요함을 마음으로부터 새삼 감사하게 생각합니다.

김대중 대통령이 일본 문화를 개방한 것에 대하여 매우 기쁘게 생각하고 있습니다. 일본의 문화나 풍습이 모두 좋은 것만은 아니지만, 장점도 단점도 서로 알고 그것들을 존중하게 될 것이라고 확신합니다.

송 선생님께서는 오래 전부터 한 · 일 관계에 대해서 매우 중요하게 생각하고 있는 분이라는 것을 저는 기쁘게 생각하고 있습니다. 저의 연령보다 위이신 송 선생님이 살아오신 시대의 한 · 일 관계는 저의 시대와는 비교할 수 없는 정도이었다는 것을 저는 잘 알고 있습니다. 그런데도 한국 국민에게 말로 다 할 수 없는 나쁜 일을 한 일본 국민에 대해 넓은 마음으로 대해 주시는 송 선생님을 존경합니다. 저의 힘은 작지만 양국의 우호友好관계를 조금이라도 발전시킬 수 있다면 저를 찾아주시는 한국의 여러분을 만나고 싶습니다.

한국의 여러분은 공부도 열심히 하고, 예의바른 사람들입니다. 일본인의 무기력과 노력하지 않는 것에 대하여 쓸쓸함을 느끼고 있습니다. 일본에 오실 기회가 있으시면, 꼭 사전에 연락주시고, 가능하시다면 저의 집에서 묵어 주시기를 바랍니다. 선생님 또 소식 주십시오. 저도 소식 보내드리겠습니다.

도쿄에서 만나 뵙기를 기원하면서……경구

도요지마 마사히꼬

* 편지글 끝 부분 경구敬具의 의미는 삼가 말씀을 올린다는 끝 인사말임.

송 선생님

새해를 축하합니다.

작년 말에 보내주신 크리스마스 카드 감사합니다. 별고 없으시고 건강하게 지내시는지요. 한국은 일본보다 추운 곳으로 건강에 특별히 주의를 하시어 지내시기를 바랍니다.

저는 식구와 함께 건강하게 지내고 있습니다. 아들, 딸과 손자들도 건강하고 행복하게 생활하고 있습니다.

작년의 일본과 한국관계는 역사 중에서 가장 좋은 관계로 대단히 기쁘게 생각하고 있습니다. 영상 미디어의 힘, 문화의 힘이 위대하군요. 〈겨울의 소나타〉, 〈천국의 계단〉, 〈ALL IN〉, 〈가을동화〉, 〈아름다운 날들〉, 〈호텔리어〉, 〈이브의 모든 것〉 등 전부 보았습니다. 지금 방송중인 〈대장금〉은 대단히 재미있고 한국의 역사 문화의 공부가 되기 때문에 매 회분을 즐겁게 보고 있습니다.

작년의 NHK 홍백전노래에서는 이병헌도 출연하여 일한 교류에 큰 공헌을 하였습니다. 좋은 일한 관계의 확립은 송 선생님이 가장 바라는 일이기 때문에 저도 대단히 기쁘게 생각하고 있습니다.

저는 현재 66세로 퇴직하여 2년간은 아무 일없이 지내다가 금번 일본 유일의 여자만의 미술대학(여자미술대학)으로부터 의뢰가 와서 4월부터 강의를 맡게 되었습니다. Media Art과로 TV Art의 강의를 담당하게 되었습니다. 학생 수는 300명 정도로 많으므로 걱정이 됩니다. 지금 그 준비중입니다.

송 선생님 일본에 오실 때에는 반드시 연락을 주십시오. 꼭 만나 뵙고 여러 가지 이야기를 나누고 싶습니다.

오랫동안 편지를 못 했습니다. 저의 무례함을 용서하여 주십시오. 송 선생님께서 금년에도 좋은 해가 되시기를 빌겠습니다. 경구

도요지마 마사히꼬

송 선생님

건강하게 지내시는지요? 보내주신 연하장 대단히 반가웠습니다. 저는 보통 때와 다름없이 잘 지내고 있습니다. 한국의 정월은 어떻게 보내시는지요. 일본의 정월은 옛날과는 많이 바뀌었습니다. 옛날과 같이 엄숙한 기분이 전해져 오지 않습니다. 어디나 모두 젊은이뿐으로 정신적 긴장감은 전혀 느낄 수 없게 된 것은

우리로서는 쓸쓸하게 생각됩니다. 시간의 경과가 빨라 기술혁신 등, 유행이 이렇게 빠를 필요가 있을까 의문을 느낄 정도입니다.

그러나 기쁜 일도 많이 보이고 있습니다. 한국과 일본의 관계가 근년에 점점 좋아지고 있다는 것입니다. 일본 내에 한국제의 우수한 전자기기 삼성, LG, 현대자동차 등 대량으로 눈에 띄고 있습니다. 한국의 영화, TV프로도 일상적으로 위화감 없이 받아드려지고 있습니다.

한국의 새로운 대통령은 어떠한 수완을 발휘할는지요. 북한 문제 등 새로운 걱정도 있지만 평화적 융화적으로 잘 되겠지요.

저는 인간의 일생은 그렇게 길지는 않으므로 상대의 잘못에 대한 원망을 계속하는 시간은 무의미하다고 생각하고 있습니다. 밝은 미래를 창조하는 것을 위해서 시간을 쓰는 것이 대단히 중요하다고 생각하고 있습니다.

일본과 한국의 관계를 늘 생각하면서 여러 가지 일을 실천하고 계신 송 선생님을 마음으로 존경하고 있습니다. 금년의 6월까지가 저는 완전히 리턴할 예정입니다. 연금만으로 생활하고 있습니다. 시간이 충분히 있어서 한국을 다시 가보고 싶습니다. 작년에는 스위스의 알프스를 다녀왔습니다. 금년은 좀더 여유 있게 세계를 돌아보고 싶습니다. 추운 계절에 몸 건강에 주의를 하여 주시기 바랍니다. 부인께도 안부 부탁드립니다. 경구

도요지마 마사히꼬

가을에 띄운 편지

도요지마 씨께

초가을의 아침 공기가 제법 상쾌해졌습니다. 그동안 변함 없이 활동하고 계시겠지요. 저도 덕택으로 건강하게 지내고 있습니다.

지난 여름은 근래에 드문 이상한 날씨 변화로 많은 비와 찌는 듯한 폭염으로 사람들의 활동을 무기력하게 하였습니다. TV뉴스에서 일본의 태풍으로 인한 피해 현장도 보았습니다. 한국도 태풍과 홍수로 인한 피해가 많았습니다. 이 모두가 지구 온난화 현상이 아닌가 싶습니다.

방송사에서 정년을 마치시고 새 직장인 대학 강의 준비에 바쁘시겠지요. 저는 정년을 마치고 그 동안 모아왔던 한일 관련 자료를 정리하여 출판준비로 소일하고 있습니다.

도요지미 씨 우리가 방송일로 만난 인연으로 근 30년 가까이 교류하면서 지내왔군요. 한국 속담에 10년이면 강산이 변한다고 합니다. 그러니 강산이 세 번이나 변한 세월이었습니다. 도요지마 씨께서는 그동안 변함 없이 일본의 소식과 안부 편지를 정성껏 써서 보내주셨습니다. 그 편지를 대할 때마다 반가웠고 일본의 소식은 물론 일본의 편지문화와 도요지마 씨의 따뜻한 마음을 읽을 수 있었습니다.

그런데 지난번 편지글에서는 인간의 일생은 그렇게 길지 않으므로 상대의 허물에 원망을 계속하는 시간은 무의미하게 생각한다고 하셨습니다. 밝은 미래를 위한 시간을 보내는 일이 대단히 중요하다고 하시면서 서로가 좋은 일로 경쟁하는 것이 중요하게 생각한다는 말씀까지 하셨습니다.

그 말씀은 한일 양 국민이 새겨들어야 할 중요한 말씀이라 생각되며 저 또한 그렇게 생각하면서 살아왔습니다. 상대의 허물을 트집 잡거나 비판한다면 친구관계나 이웃 간에 나아가 한일 간의 사이가 좋아질 수가 없다는 것은 자명한 일입니다.

도요지마 씨께서는 제가 평소 한일관계에 특별히 관심을 갖고 있기 때문에 저를 의식하시고 하신 말씀이 아닌가 생각합니다. 마침 일본의 고이즈미 총리의 야스쿠니 신사참배 문제로 한일관계가 악화되어 양국의 정상회담까지 중단되는 사태까지 갔을 때가 아닌가 싶습니다.

도요지마 씨, 저를 비롯해 대다수의 한국인들은 과거사에 얽매이기보다 미래를 위해서 '용서하고 화해'를 원하고 있습니다. 그런데 일본을 이끌어가는 정치인들이 과거사를 부정하고 미화하는 망언들을 반복하여 한국을 비롯해 많은 피해국들을 자극하는 것은 매우 안타깝습니다.

도요지마 씨가 아시다시피 저는 불행하게도 일본의 식민지시대에 태어나서 식민지 교육을 받고 자란 세대입니다. 그러나 과거사에 얽매이기보다 한일 양국을 위해서 마음을 열고 교류를 해왔습니다. 교류를 하면서 일본인들의 선량함, 예의 바르고 친절하며 남을 배려하고 남에게 폐를 끼치지 않는 정신 등 개인적으로는 장점을 많이 가진 사람들이라는 것을 잘 알고 있습니다.

그런데 문제는 일본을 이끌어 가는 일부 정치 각료들의 의식입니다. 도요지마 씨 저는 며칠 전 주말에 서울에 있는 일본인日本人 교회敎會에서 그리스도의 복음 활동과 그리스도의 사랑을 통해서 한일 우호협력을 위해서 근 30여 년 넘게 활동하는 요시다 꼬오조오吉田耕三 목사분을 만났습니다. 또 일본인들과 함께 주일예배를 보면서 많은 것을 생각하였습니다. 그 교회에서 받은 인쇄물 중 우리들이 함께 새겨들을 글귀가 눈에 띄었습니다.

인간과 동물의 다름은 무엇인가?

주된 특징으로 동물에도 그 나름대로 전달수단이 있지만 인간에게 있는 고도의 언어 전달 기능이 없다는 것이고 또 하나는 실패하면 반성하고 상대에게 잘못이나 피해를 입혔을 경우는 진실되게 반성하고 사과하는 것이 사람의 상식이라며 일본은 역사적으로 너무 큰 피해와 한국인에 끼친 고통에 대하여 양식 있는 정부나 국민이라면 한국에 사죄하고 성의 있는 보상을 다하는 것이 당연하다는 글귀였습니다.

그런데 종전 60여 년 한일 수교 40여 년의 세월이 흘렀는데도 정치 각료들이 반복되는 과거사를 부정하고 미화하는 망언으로 마음을 열고, 용서와 화해를 원하는 대다수의 한국인의 가슴을 아프게 하는 것이 안타까운 것입니다.

도요지마 씨, 솔직히 말씀드려 우리는 수십 년 상호 교류하면서 과거사에 대한 언급은 한 번도 한 적이 없습니다. 그것은 서로가 표현을 하지 않았을 뿐 서로의 마음을 이해하고 있었기 때문입니다.

아무쪼록 일본이 역지사지易地思之와 결자해지結者解之의 정신을 발휘하여 세계인의 존경을 받는 문명대국이 되기를 진심으로 빌 뿐입니다.

가을은 수확의 계절입니다. 농부가 피땀을 흘려 씨 뿌리고 가꿔 온 곡식을 걷어

드리는 계절입니다. 그렇듯이 양국의 많은 사람들이 양국의 관계개선을 위하여 노력함이 헛되지 않고 좋은 결실의 때가 오기를 빌겠습니다.

도요지마 씨, 쓰다 보니 너무 장황하게 되었습니다. 넓은 마음으로 이해해주시리라 믿습니다. 도요지마 씨가 말씀하신대로 여생을 좋은 일만 생각하면서 살아가도록 노력하려고 합니다. 도요지마 씨의 건승하심을 빌며

초가을 서울에서

이찌무라 씨의 인사편지

송인덕 씨께

금년의 일본은 따뜻하여 벚꽃의 개화가 빨라지고 있습니다. 그 후 안녕하시리라고 생각합니다. 저는 금주 졸업식이 끝나 우선 일단락 한 상태입니다.

한국에는 1985년에 교육개발원의 초청으로 방문한 이래 이번이 네 번째가 됩니다. 전번에 프라이도로 실례를 끼친 것이 2000년의 정월이니까 거의 9년만의 서울 방문인 것 같습니다.

그간 월드컵이 있었고 거리도 크게 변모하고 거대한 빌딩숲이 이루어지고 여기저기의 가판글씨도 한자 · 로마자가 병기되어 알기 쉽도록 되었습니다.

금번 하네다 공항도 김포공항을 잇는 소위 로-칼 편이어서 편안하게 올 수 있었습니다만 새로운 인천공항을 보지 못한 것이 유감스러웠습니다. 그렇지만 도쿄의 집에서 서울 도심가지는 3~4시간으로 왕래가 가능한 것은 기쁘기 한이 없습니다.

금회는 주말의 2박 3일의 짧은 여행으로 첫 날은 새로 세워진 국립중앙박물관을 가 보았고 다음날은 교육개발원 이후 만나고 싶었던 송 선생님과 오랜만에 만나게 되어서 한국의 근황에 대해서 말씀을 듣게 되었습니다.

새로 단장된 국립박물관에서는 건물의 크기에 압도되었습니다. 각 층의 전시된 것에 관심이 있었습니다마는 '정보'에 관심을 가진 저에게는 오히려 지도나 인쇄물에 관한 전시물에 흥미 깊게 느꼈습니다. 유럽의 거대한 박물관이나 미술관도 그렇듯이 짧은 시간으로 본다는 것은 어려움이 아닌가 싶습니다.

둘째 날에는 맛있는 한국의 해물찌개를 먹게 되어서 한국요리에 빠져들었습니다. 지금 한국은 일본의 젊은이와 중년의 여성들에게 대단히 인기가 있습니다. 한국요리는 물론 민예품에 깊은 관심을 가진 사람들이 급증하고 있습니다. 텔레비전의 〈겨울 소나타〉이래 한국드라마의 영향이 커서 젊은 스타는 변함 없이 인기입니다. '아름다움', '정'이라고 하는 점에서 공통점이 아닌가 합니다.

예부터의 철도 팬인 저로서 지금이야 사통팔방이 된 서울의 지하철을 한번 타보고 싶었던 차에 을지로 입구에서 2호선을 타보았습니다. 지하철역의 폭 넓이와 방호시설 등이 완벽하였고 우선석에도 앉아보았습니다. 승객들의 매너도 좋았고 수도 서울의 중요한 교통수단을 담당하고 있다는 것을 잘 알게 되었습니다.

시청청사 가까이에 있는 덕수궁에도 오랜만에 들르게 되었습니다. 뭐니 해도 저녁에 젊은이들의 활기 넘치는 것을 감지한 것은 'BREAK OUT REVIEW' 공연이었습니다. 요즈음 미국에서 시작된 금융위기는 일본이나 한국의 경제를 직격하고 있습니다마는 이러한 젊은이들이 있는 한 미래는 있을 것이라고 봅니다.

황망스러운 체재이었습니다 마는 오랜만의 서울의 에너지를 느낄 수 있어 안내해주신 송 선생님께 감사하고 있습니다. 가까운 곳이니 기후가 좋은 때에 가벼우신 마음으로 일본을 찾아주실 것을 기다리겠습니다.

이만 줄이면서 거듭 건강하시기를 빌겠습니다.

이찌무라 유이찌 市村佑一

에필로그

이 책을 쓰는데 7년이란 긴 세월이 흘렀다. 글을 쓰는 도중 일본의 교과서, 위안부, 야스쿠니 신사, 독도문제 등의 악재가 불거질 때마다 글쓰기를 수차례 중단했다. 따라서 수정, 보완 작업이 필요했다.

처음부터 '두 얼굴을 가진 일본', '겉과 속이 다른 일본' 등의 제목으로 비판할 목적으로 글을 썼다면 오히려 쉽게 끝냈을지도 모른다. 그러나 프롤로그에서 밝혔듯이 어느 한쪽을 비판하기 위해서 시작한 글이 아니다. 어떻게 하면 한일 양국이 서로 바르게 이해하고 상대를 존중하면서 보다 가까운 이웃으로 발전할 수 있는가를 고뇌하면서 시작하였기 때문이다.

그런데 원고 마무리를 앞두고 '역사를 직시하고' 미래의 한일관계를 강조한 일본의 새 정권이 초등학교 사회교과서에 한국의 독도를 '일본 땅이다'라고 기술하여 모든 초등하교 어린이들에게 거짓을 가르치겠다는 것이다.

그동안 양국의 우호 증진을 위해 한일 교류를 여는 모든 사람들에게 실망과 배신감은 물론 "역시 그 정권도 '말과 행동'이 다르다.", "일본은 신뢰할 수 없는 나라다.", "일본의 혼네本音(본심)를 똑바로 알아야 한다."는 등 한일관계가 급격하게 악화되었다. 한일관계는 물론 일본 스스로를 위해서도 매우 불행한 일이 아닐 수 없다.

2010년 금년은 경술국치庚戌國恥 100년이 되는 해이다. 100년 전의 그 치욕을 되풀이 되지 않기 위해서 우리가 어떻게 하다가 조선이 멸망하고 일본의 식민지의 길을 걷게 되었는지 역사적인 성찰이 그 어느 때보다도 중요한 때이다. 이제 와서 일본을 원망하고 분노한다고 무엇이 달라지겠는가? 일본의 양식있는 지식인 학자, 시민단체 등과 폭 넓은 교류를 지속하면서 서로를 이해하고 협력하면서 일본 스스로가 뉘우치고 바른 길을 걷도록 인내를 갖고 노력하여야 할 것이다.

체험을 중심으로 일본의 사회, 문화, 한일 관계를 논하였다. 또 21세기 새로운 한일 관계를 위해서 한국과 일본에게 직언도 하였다.

이 책이 양국의 독자들에게 많이 읽혀져 서로의 감정, 정서, 사회, 문화는 물론 한일 관계를 바르게 인식하여 2010년 새해에 새로운 한일 관계로 태어나 더욱 가까운 이웃으로 발전하는데 밑거름이 되었으면 좋겠다.

양국의 후손들이 살아갈 미래에 족쇄에 채우는 우를 범하는 일이 되지 않기를 기원하면서.

끝으로 이 책의 집필에 많은 조언과 도움을 준 서석규 언론인을 비롯해 양국의 벗들에게 감사를 전하고 싶다.

일본문화에세이

한국인의 마음 일본인의 고코로

초판1쇄 발행 | 2010년 12월 15일

지은이 송인덕 펴낸이 홍종화

디자인 정춘경 · 강계영
편집 오경희 · 조정화 · 오성현 · 신나래
관리 박정대

펴낸곳 문예원 출판등록 제317-2007-55호
주소 서울 마포구 대흥동 337-25 전화 (02) 804-3320, 805-3320, 806-3320(代) 팩스 (02) 802-3346

ISBN 978-89-963231-7-4 03830